CB062971

RITUAL DE EXORCISMOS E OUTRAS SÚPLICAS

Coleção **Rituais**

- *A sagrada comunhão e o culto do mistério eucarístico fora da missa.*
  Sagrada Congregação para o Culto Divino
- *Cerimonial dos bispos: cerimonial da Igreja,* CNBB.
- *Ritual de bênçãos.* Sagrada Congregação para o Culto Divino
- *Ritual de bênçãos por ministros leigos.* Sagrada Congregação para o Culto Divino
- *Liturgia eucarística dos domingos e solenidades.* Livro do altar,
  Sagrada Congregação para o Culto Divino.
- *Ritual do matrimônio.* Sagrada Congregação para o Culto Divino
- *Ritual da confirmação.* Sagrada Congregação para o Culto Divino
- *Ritual de bênçãos simplificado.* Sagrada Congregação para o Culto Divino
- *Ritual do batismo de crianças.* Sagrada Congregação para o Culto Divino
- *Ritual da penitência.* Sagrada Congregação para o Culto Divino
- *Ritual da unção dos enfermos e sua assistência pastoral.*
  Sagrada Congregação para o Culto Divino
- *Pontifical romano.* Sagrada Congregação para o Culto Divino
- *Ritual da iniciação cristã de adultos.* Sagrada Congregação para o Culto Divino
- *Sacramentário.* Sagrada Congregação para o Culto Divino
- *Nossa Páscoa: subsídios para a celebração da esperança,* CNBB
- *Ritual de exorcismos e outras súplicas.* Sagrada Congregação para o Culto Divino

RITUAL ROMANO
RENOVADO POR DECRETO DO CONCÍLIO VATICANO II,
PROMULGADO POR AUTORIDADE DO PAPA JOÃO PAULO II

RITUAL DE EXORCISMOS E OUTRAS SÚPLICAS

Tradução portuguesa para o Brasil
da edição típica

PAULUS

APROVAÇÃO

O texto da tradução portuguesa, para o Brasil, do *Ritual de Exorcismos e Outras Súplicas*, publicado pela PAULUS Editora, concorda com os originais aprovados pela Comissão Episcopal para Textos Litúrgicos e pela Assembleia Geral dos Bispos do Brasil e confirmados pela Sagrada Congregação para o Culto Divino e a Disciplina dos Sacramentos, no dia 30 de julho de 2004, Prot. N.: 1007/04 L.

Brasília, DF, 02 de março de 2005.

Pe. Marcelino Sivinski

Seja um leitor preferencial **PAULUS**.
Cadastre-se e receba informações
sobre nossos lançamentos e nossas promoções:
paulus.com.br/cadastro
Televendas: **(11) 3789-4000 / 0800 016 40 11**

1ª edição, 2005
5ª reimpressão, 2024

Capa
Ilustração de Cláudio Pastro

Impressão e acabamento
PAULUS

© PAULUS – 2005
Rua Francisco Cruz, 229 • 04117-091 – São Paulo (Brasil)
Tel.: (11) 5087-3700
paulus.com.br • editorial@paulus.com.br

ISBN 978-85-349-2344-6

PROMULGAÇÃO

Na qualidade de Presidente da Conferência Nacional dos Bispos do Brasil, tendo em vista a tradução em língua portuguesa do **RITUAL DE EXORCISMOS E OUTRAS SÚPLICAS**, aprovada pela Assembleia Geral dos Bispos do Brasil, realizada de 21 a 30 de abril de 2004, e confirmada pela Sagrada Congregação para o Culto Divino e a Disciplina dos Sacramentos, no dia 30 de julho de 2004, Prot. N.: 1007/04/L, levamos ao conhecimento de todos e promulgamos os referidos atos, para que produzam todos os seus efeitos a partir do dia 1 de dezembro de 2004.

Brasília, 7 de novembro de 2004.
Festa de todos os Santos.

CARD. GERALDO MAJELLA AGNELO
Presidente da CNBB

APRESENTAÇÃO

Cristo enviou os apóstolos para pregar a proximidade do Reino com esta instrução: "Curai os doentes, ressuscitai os mortos, purificai os leprosos, expulsai os demônios" (Mt 10,8). Numa outra oportunidade, contestando seus adversários, apresenta sua vitória sobre o demônio como sinal da presença do Reino (cf. Lc 11,20). Segundo o Novo Testamento, anúncio da chegada do Reino de Deus e expulsão do demônio se confundem. Uma é efeito imediato e argumento irrefutável do outro (cf. Mt 12,22-32).

Inspirada na prática e mandamento de seu Fundador, a Igreja, desde os primórdios, fez orações em favor dos fiéis, visando protegê-los contra a influência do maligno e subtraí-los de seu domínio (Hipólito de Roma, *Tradição Apostólica*, 42).

A ciência, no entanto, tem demonstrado que, dos casos tidos como possessão diabólica, no passado, apenas 3% podem ser levados a sério. Daí a cautela da Igreja, nos últimos tempos, com relação à prática do exorcismo. O Catecismo da Igreja Católica lembra que é necessário proceder com prudência, assegurando-se, antes de celebrá-lo, se de fato se trata da presença do maligno ou de uma doença (CIC 1673).

O *Ritual de Exorcismo e outras súplicas* que está sendo apresentado é fruto de quinze anos de estudos e trabalhos. Na esteira de toda a reforma preconizada pelo Concílio Vaticano II, apresenta o exorcismo como celebração litúrgica, com participação ativa e consciente dos fiéis. Pede que seja celebrado de tal forma que "manifeste a fé da Igreja e ninguém possa considerá-lo uma ação mágica ou supersticiosa". Atento aos avanços da teologia que coloca as verdades dentro de uma hierarquia, o ritual põe em primeiro plano a ação do Espírito Santo e celebra a vitória de Cristo sobre as potências do mal. Alertado pelas conquistas da ciência, pede circunspecção por parte de quem vai exercer o ministério de exorcista, orienta para não transformar a celebração em espetáculo, proíbe a divulgação através dos meios de comunicação e exorta a consultar "peritos em ciência médica e psiquiátrica, que tenham senso das coisas espirituais".

APRESENTAÇÃO

Do uso criterioso deste Ritual espera-se, portanto, a superação de duas tendências opostas, ambas errôneas e muito frequentes entre nossos fiéis. A primeira consiste num certo satanismo que vê presença do maligno em toda parte, submetendo as pessoas à psicose do medo irracional do demônio. A segunda tende a considerar o Diabo como personificação simbólica do mal e não como indivíduo, agente pessoal e responsável por grande parte deste mesmo mal.

O Espírito Santo de Deus nos ajude a compreender cada vez melhor que toda ação litúrgica da Igreja é celebração do mistério pascal da paixão, morte e ressurreição de Cristo, expressão máxima da vitória sobre o demônio e desmoronamento de todo o seu poder.

Brasília, 17 de novembro de 2004.

Dom Manoel João Francisco
Bispo de Chapecó
Presidente da Comissão Episcopal Pastoral para a Liturgia, da CNBB

**SAGRADA CONGREGAÇÃO
PARA O CULTO DIVINO**
Prot. n. 1007/04/L

PARA O BRASIL

Atendendo ao pedido do Eminentíssimo Senhor Dom Geraldo Majella Agnelo, Arcebispo de São Salvador no Brasil e Presidente da Conferência dos Bispos do Brasil, em carta do dia 27 de maio de 2004, por força das faculdades atribuídas pelo Sumo Pontífice João Paulo II a esta Congregação, de bom grado aprovamos e confirmamos a tradução portuguesa de uma parte do Ritual Romano, que traz o título *De Exorcismis et supplicationibus quibusdam — Sobre os exorcismos e algumas súplicas*, para uso das dioceses do Brasil, conforme o exemplar anexo.

No texto a ser impresso seja inserido na íntegra este Decreto, pelo qual se concede o solicitado reconhecimento da Sé Apostólica. Além disso, enviem-se a esta Congregação dois exemplares do texto impresso.

Não obstante qualquer coisa em contrário.

Da Sede da Congregação para o Culto Divino e Disciplina dos Sacramentos, dia 30 de julho de 2004.

† **Dominicus Sorrentino**
Arcebispo Secretário

Antonius Ward
Preposto ao Ofício

CONGREGAÇÃO PARA O CULTO DIVINO
E A DISCIPLINA DOS SACRAMENTOS
Prot. n. 1280/98/L

DECRETO

Obediente à oração do Pai-nosso, já desde os tempos antigos, a Igreja misericordiosamente cuidou que, entre os sacramentais, por piedosas súplicas se pedisse a Deus que livrasse os fiéis cristãos de todos os perigos e especialmente das insídias do demônio. Particularmente, foram instituídos na Igreja os exorcistas que, imitando a caridade de Cristo, libertem os possessos do Maligno e até, mandando em nome de Deus, que os demônios se afastassem e nunca mais importunassem qualquer criatura humana.

Em nossos dias, considerou-se oportuno rever as normas antigas, as preces recolhidas e as fórmulas do Título XII do Ritual Romano, para atender convenientemente ao mandado da Constituição *Sacrosanctum Concilium*, do Concílio Vaticano II, especialmente no artigo 79.

Portanto, esta Congregação promulga o presente rito renovado do Exorcismo, aprovado pelo Sumo Pontífice João Paulo II no dia 1º de outubro de 1998, para que seja usado em lugar das normas e fórmulas que até agora constavam no Título XII do Ritual Romano.

A edição latina pode ser posta em uso, por quem de direito, logo que for publicada. As Conferências dos Bispos, porém, cuidem que as edições em língua vernácula, convenientemente preparadas e adaptadas segundo o Direito, sejam submetidas à confirmação da Sé Apostólica.

São revogadas as disposições em contrário.

Congregação para o Culto Divino e a Disciplina dos Sacramentos, 22 de novembro de 1998, solenidade de Nosso Senhor Jesus Cristo, Rei do Universo.

Jorge Card. Medina Estévez
Prefeito

Geraldo M. Agnelo
Arcebispo Secretário

PROÊMIO

Os anjos estão presentes em todo o transcurso da história da salvação: alguns executando o plano de Deus e prestando continuamente celeste e poderosa ajuda à Igreja; alguns, decaídos, chamados demônios, que, opondo-se a Deus, à sua vontade de salvação e ao cumprimento da obra em Cristo, tentam associar o homem à própria rebelião contra Deus[1].

Na Sagrada Escritura, o Diabo e os demônios são identificados com vários nomes, alguns dos quais, de certa forma, indicam sua natureza e função[2]. O Diabo, chamado Satanás, antiga serpente e dragão, é aquele que seduz o mundo todo e luta contra os que observam os mandamentos de Deus e têm o testemunho de Jesus (cf. Ap 12,8-9). É designado adversário dos homens (cf. 1Pd 5,8) e homicida desde o princípio (cf. Jo 8,44), porque, pelo pecado, tornou o homem sujeito à morte. Já que por suas insídias provoca o homem a desobedecer a Deus, o Mau é chamado de Tentador (cf. Mt 4,3; 26,36-44), de mentiroso e de pai da mentira (cf. Jo 8,44), que age sagaz e falsamente, como prova a sedução dos primeiros pais (cf. *Gn* 3,4.13), que se esforçou por desviar Jesus da missão recebida do Pai (cf. Mt 4,1-11; Mc 1,13; Lc 4,1-13) e, por fim, sua transfiguração em anjo da luz (cf. 2Cor 11,14). Chama-se ainda príncipe deste mundo (cf. Jo 12,31; 14,30), isto é, do mundo que está totalmente sob o poder do Maligno (cf. 1Jo 5,19) e que não conheceu a verdadeira Luz (cf. Jo 1,9-10). Enfim, seu poder é indicado como poder das trevas (cf. Lc 22,53; Cl 1,13), pois odeia a Luz, que é Cristo, e arrasta os homens para as próprias trevas. Os demônios, porém, que com o Diabo não observaram a autoridade de Deus (cf. Jd 6), foram condenados (cf. 2Pd 2,4) e constituem os espíritos malignos (cf. Ef 6,12), pois os que pecaram foram criados como espíritos, e são chamados anjos de Satanás (cf. Mt 25,41; 2Cor 12,7; Ap 12,7.9), o que

---

[1] Cf. *Catecismo da Igreja Católica*, nn. 332, 391, 414, 2851.
[2] Cf. *ibidem*, nn. 391-395, 397.

também pode significar que a missão lhes tenha sido confiada por seu maligno príncipe[3].

A vitória do Filho de Deus destruiu (cf. 1Jo 3,8) os atos de todos esses espíritos imundos e sedutores (cf. Mt 10,1; Mc 5,8; Lc 6,18; 11,26; At 8,7; 1Tm 4,1; Ap 18,2). Embora "uma árdua luta contra as forças das trevas perpasse toda a história dos homens", luta que há de "continuar até o último dia"[4], Cristo, por seu mistério pascal de morte e ressurreição, nos "arrancou da servidão do Diabo e do pecado"[5], destruindo o seu poder e libertando todas as coisas da influência maligna. Mas como a ação prejudicial e contrária do Diabo e dos demônios atinge as pessoas, as coisas e os lugares e se manifesta de formas diversas, a Igreja, ciente de que "os dias são maus" (Ef 5,16), sempre orou e ora para que os homens se libertem das insídias do Diabo.

---

[3] Cf. *ibidem*, n. 394.
[4] Cf. Conc. Vat. II, Const. past. sobre a Igreja no mundo de hoje, *Gaudium et spes*, n. 37.
[5] Cf. *ibidem*, n. 22.

INTRODUÇÃO GERAL

I. A VITÓRIA DE CRISTO E O PODER DA IGREJA CONTRA OS DEMÔNIOS

1. A Igreja crê firmemente que o verdadeiro Deus é um só, Pai, e Filho, e Espírito Santo, único princípio de tudo, criador de todas as coisas visíveis e invisíveis[6]. Na verdade, por sua providência, Deus guarda e governa[7] todas as coisas que criou (cf. Cl 1,16), e nada fez que não fosse bom[8]. Também "o diabo (...) e os outros demônios Deus os criou bons por natureza; mas eles, por si mesmos, tornaram-se maus"[9]. Eles seriam bons se tivessem permanecido como foram criados. Mas porque usaram mal a excelente natureza e não se mantiveram na verdade (cf. Jo 8,44), certamente não foram transformados numa substância contrária, mas separaram-se do sumo Bem, ao qual deveriam ter aderido[10].

2. O homem, de fato, foi criado à imagem de Deus "em justiça e verdadeira santidade" (Ef 4,24) e sua dignidade exige que ele possa agir segundo uma opção consciente e livre[11]. Contudo, por inspiração do maligno, fez mau uso do dom de sua liberdade; pelo pecado da desobediência (cf. Gn 3; Rm 5,12) foi submetido ao poder do Diabo e da morte, feito servo do pecado[12]. Por isso, "uma árdua luta contra os

---

[6] Cf. IV Conc. do Latrão, Cap. 1, *De fide catholica*, Denz.-Schönm. 800; cf. Paulo VI, *Professio fidei*, A.A.S. 60 (1968) 436.
[7] Cf. Conc. Vat. I, Const. dogm. *Dei Filius* de fide catholica, cap. I. *De rerum omnium creatore*, Denz.-Schönm. 3003.
[8] Cf. S. Leão Magno, Carta *Quam laudabiliter*, a Turíbio, c. 6, De natura diaboli, Denz.-Schönm. 286.
[9] IV Conc. do Latrão, Cap 1, *De fide catholica*, Denz.-Schönm. 800.
[10] Cf. S. Leão Magno, Carta *Quam laudabiliter*, a Turíbio, c. 6, De natura diaboli, Denz.-Schönm. 286.
[11] Cf. Conc. Vat. II, Const. past. sobre a Igreja no mundo de hoje, *Gaudium et spes*, n. 17.
[12] Cf. Conc. de Trento, Sessão V, Decreto *De peccato originali*, nn 1-2, Denz.-Schönm. 1511-1512.

poderes das trevas perpassa toda a história dos homens. Iniciada desde a origem do mundo, vai durar até o último dia, segundo a palavra do Senhor" (cf. Mt 24,13; 13,24-30; 35-43)[13].

3. O Pai onipotente e misericordioso enviou ao mundo o Filho do seu amor para arrancar os seres humanos do poder das trevas e transferi-los para o seu reino (cf. Gl 4,5; Cl 1,13). Assim, Cristo, "primogênito de toda a criatura" (Cl 1,15), renovando o velho homem, assumiu a carne do pecado "para destruir pela morte aquele que tinha poder sobre a morte, isto é, o Diabo" (Hb 2,14) e, por sua Paixão e Ressurreição, com o dom do Espírito Santo, transformar em nova criatura a natureza humana ferida[14].

4. Nos dias de sua vida na carne, o Senhor Jesus, vencedor da tentação no deserto (cf. Mt 4,1-11; Mc 1,12-13; Lc 4,1-13), por própria autoridade expulsou Satanás e os outros demônios, impondo-lhes sua divina vontade (cf. Mt 12,27-29; Lc 11,19-20). Fazendo o bem e curando todos os oprimidos do demônio (cf. At 10,38), manifestou a obra de sua salvação, a fim de libertar os homens do pecado e de suas consequências, como também do autor do primeiro pecado, o homicida desde o princípio e o pai da mentira (cf. Jo 8,44)[15].

5. Ao chegar a hora das trevas, o Senhor, "feito obediente até a morte" (Fl 2,8), repeliu o último ataque de Satanás (cf. Lc 4,13; 22,53) pelo poder da Cruz[16], triunfando sobre a soberba do antigo inimigo. Essa vitória de Cristo manifestou-se na gloriosa ressurreição, quando Deus o ressuscitou dos mortos, o estabeleceu à sua direita nos céus e colocou todas as coisas debaixo dos seus pés (cf. Ef 1,21-22).

6. Ao exercer o seu ministério, Cristo deu aos apóstolos e aos outros discípulos o poder de expulsar os espíritos imundos (cf. Mt 10,1.8; Mc 3,14-15; 6,7.13; Lc 9,1; 10,17.18-20). Prometeu-lhes o Espírito Santo Paráclito, que procede do Pai e do Filho e julgará o mundo de juízo, porque o príncipe deste mundo já está julgado (cf. Jo 16,7-11). Entre os sinais que acompanham os que creem, enumera-se no Evangelho a expulsão dos demônios (cf. Mc 16,17).

---

[13] Conc. Vat. II, Const. past. sobre a Igreja no mundo de hoje, *Gaudium et spes*, n. 37; cf. *ibidem*, n. 13; 1Jo 5,19; *Catecismo da Igreja Católica*, nn. 401, 407, 409, 1717.
[14] Cf. *2Cor* 5,17
[15] Cf. *Catecismo da Igreja Católica*, nn. 517, 549-550.
[16] Cf. *Missal Romano*, Prefácio da Paixão.

7. Desde os tempos apostólicos, a Igreja exerceu o poder que recebeu de Cristo de expulsar os demônios e repelir sua influência (cf. At 5,16; 8,7; 16,18; 19,12). Por isso, constantemente e com confiança, ora "em nome de Jesus" que a livre do Mal (cf. Mt 6,13)[17]. E ainda no mesmo nome, por força do Espírito Santo, de vários modos ordena aos demônios que não impeçam a obra da evangelização (cf. 1Ts 2,18) e que entreguem "ao Mais Forte" (cf. Lc 11,21-22) o domínio sobre todos e cada um dos seres humanos. "Quando a Igreja exige publicamente e com autoridade, em nome de Jesus Cristo, que uma pessoa ou um objeto sejam protegidos contra a influência do Maligno e subtraídos ao seu domínio, fala-se de exorcismo"[18].

II. OS EXORCISMOS NO MÚNUS SANTIFICADOR DA IGREJA

8. Por uma antiquíssima e ininterrupta tradição da Igreja, o processo de iniciação cristã é organizado de tal forma que apareça claramente a luta espiritual contra o poder do Diabo (cf. Ef 6,12) e a própria realidade comece a acontecer. A forma do exorcismo simples que se faz sobre os eleitos no tempo do catecumenato, ou os exorcismos menores[19], são preces da Igreja, para que eles, instruídos sobre o mistério de Cristo libertador do pecado, sejam libertados das consequências do pecado e da influência do Diabo, se robusteçam em sua caminhada espiritual e abram os corações para receber os dons do Salvador[20]. Por fim, na celebração do Batismo, os que são batizados renunciam a Satanás e suas forças e poderes e lhe opõem a própria fé no Deus uno e trino. Também no Batismo de crianças faz-se uma prece de exorcismo sobre elas, para que, "no decorrer de sua vida", estejam munidos da graça de Cristo "os que deverão experimentar as seduções deste mundo e lutar contra as insídias do Diabo"[21]. Pelo banho da regeneração, o ser humano participa da vitória de Cristo sobre o Diabo e o pecado, pois

---

[17] Cf. *Catecismo da Igreja Católica*, nn. 2850-2854.
[18] *Catecismo da Igreja Católica*, n. 1673.
[19] Cf. *Ritual Romano*, Rito da iniciação cristã dos adultos, n. 101; cf. *Catecismo da Igreja Católica* n. 1673.
[20] Cf. *ibidem*, n. 156.
[21] Cf. *Ritual Romano*, Rito do Batismo de crianças, nn. 49, 86, 115, 221.

passa "do estado em que (...) nasceu o filho do primeiro Adão para o estado da graça e da "adoção dos filhos" de Deus por meio do segundo Adão, Jesus Cristo"[22] e é libertado da servidão do pecado, para a liberdade que Cristo nos conquistou (cf. Gl 5,1).

9. Os fiéis, mesmo que tenham renascido em Cristo, enquanto estão no mundo, experimentam as tentações e, por isso, devem vigiar em oração e em sobriedade de vida, porque seu adversário, "o Diabo, anda em volta como um leão que ruge, procurando a quem devorar" (1Pd 5,8). Devem resistir-lhe fortes na fé, confortados "no Senhor e na força de seu poder" (Ef 6,10) e sustentados pela Igreja, que reza para que seus filhos sejam livres de toda a perturbação[23]. Pela graça dos sacramentos e, sobretudo, pela frequente celebração da penitência, adquirem forças para chegar à plena liberdade dos filhos de Deus (cf. Rm 8,21)[24].

10. O mistério da divina piedade se torna mais difícil ao nosso intelecto[25] quando, por permissão de Deus, ocorrem casos de especial tormento ou possessão que o diabo exerce em prejuízo do homem incorporado ao povo de Deus e iluminado por Cristo, para que caminhe para a vida eterna como filho da luz. Então, claramente se manifesta (cf. Ef 6,12) o mistério da iniquidade que age no mundo (cf. 2Ts 2,7), embora o Diabo não consiga ultrapassar os limites que Deus lhe impôs. Esta forma de poder do Diabo sobre o homem é diferente daquela que no homem deriva do pecado original, que é um pecado[26]. Em tais casos, a Igreja suplica a Cristo Senhor e Salvador e, confiante no poder dele, oferece muitos auxílios ao fiel atormentado, a fim de que seja libertado do tormento ou da possessão.

11. Entre esses auxílios, sobressai o exorcismo maior, solene, também chamado grande exorcismo[27], que é uma ação litúrgica. Por esse motivo, o exorcismo, que "visa expulsar os demônios ou livrar da influência demoníaca, e isto pela autoridade espiritual que Jesus confiou à sua Igreja"[28], é uma prece que faz parte dos sacramentais; portanto, um sinal

---

[22] Conc. de Trento, Sessão VI, Decreto *De iustificatione*, Cap. IV, Denz.-Schönm. 1524.
[23] Cf. *Missal Romano* Embolismo depois do Pai-nosso.
[24] Cf. Gl 5,1; *Ritual Romano*, Rito da Penitência, n. 7.
[25] Cf. João Paulo II, Exortação Apostólica *Reconciliatio et poenitentia*, nn. 14. 22: A.A.S. 77 (1985) 206-207, e Carta Encíclica *Dominum et vivificantem*, n. 18: A.A.S. 78 (1986) 826.
[26] Cf. Conc. de Trento, Sessão V: Decreto *De peccato originali*, can. 4 e 5, Dez.-Schönm. 1514-1515.
[27] Cf. *Catecismo da Igreja Católica*, n. 1673.
[28] Cf. *ibidem*.

sagrado pelo qual "são significados efeitos principalmente espirituais, obtidos por intercessão da Igreja"[29].

12. Nos exorcismos maiores, a Igreja, unida ao Espírito Santo, suplica-lhe que auxilie a nossa fraqueza (cf. Rm 8,26) para afastar os demônios, a fim de que não prejudiquem os fiéis. Confiando no dom do Espírito pelo qual, depois da ressurreição, o Filho de Deus concedeu o Espírito, nos exorcismos, a Igreja não age em próprio nome, mas unicamente no nome de Deus ou do Senhor Jesus Cristo, a quem todas as coisas, inclusive o Diabo e os demônios, devem obedecer e estão sujeitos.

III. O MINISTRO E AS CONDIÇÕES PARA FAZER O EXORCISMO MAIOR

13. O ministério de exorcizar os atormentados é concedido por peculiar e expressa licença do Ordinário local que, normalmente, será o próprio Bispo diocesano[30]. Essa licença só deve ser concedida a um sacerdote que se distinga pela piedade, ciência, prudência e integridade de vida[31] e especificamente preparado para esta função. Mas o sacerdote a quem foi confiado o múnus de exorcista, de modo estável ou para um caso determinado, com confiança e humildade, execute essa obra de caridade sob a moderação do Ordinário. Neste livro, quando se fala de "exorcista", sempre deve-se entender o "sacerdote exorcista".

14. No caso de alguma intervenção considerada demoníaca, o exorcista tenha, sobretudo, a necessária e máxima circunspecção e prudência. Em primeiro lugar, não creia facilmente que alguém esteja possesso do demônio, pois pode tratar-se de outra doença, sobretudo psíquica[32]. Do mesmo modo, não acredite absolutamente que haja possessão, quando alguém julga que primeiro é especialmente tentado pelo Diabo, desamparado e, por fim, atormentado; pois alguém pode ser enganado pela própria imaginação. Igualmente, para não ser induzido em erro,

---

[29] Conc. Vat. II, Const. sobre a sagrada Liturgia, *Sacrosanctum Concilium*, n. 60.
[30] Cf. *C.D.C.*, can. 1172 § 1.
[31] Cf. *ibidem*, § 2.
[32] Cf. *Catecismo da Igreja Católica*, n. 1673.

preste atenção aos artifícios e fraudes usadas pelo Diabo para enganar a pessoa, para convencer o possessor a não se submeter ao exorcismo, diz tratar-se de doença natural ou que depende do médico. De todas as formas, comece por saber exatamente se é realmente atormentado pelo demônio aquele do qual isso é afirmado.

15. Distinga corretamente os casos de ataque do Diabo da falsa opinião pela qual alguns, também entre os fiéis, julgam ser objeto de malefício, de má sorte ou de maldição, que outros lançaram sobre eles, seus próximos ou seus bens. Não lhes negue ajuda espiritual, mas, de forma alguma, use o exorcismo; pode fazer outras orações condizentes, com eles ou em favor deles, de forma que encontrem a paz de Deus. Da mesma forma, não se deve recusar a ajuda espiritual aos crentes que o Maligno não toca (cf. 1Jo 5,18), mas, tentados por ele, sentem-se mal, porque querem manter fidelidade ao Senhor Jesus e ao Evangelho. Isso pode ser feito também por um sacerdote que não seja exorcista, inclusive por um diácono, por meio de oportunas preces e súplicas.

16. Portanto, o exorcista não comece a celebrar o exorcismo se não souber, com certeza moral, que o exorcizando está realmente atormentado pelo demônio[33] e, se possível, que ele consinta.

Segundo uma praxe comprovada, os sinais de obsessão diabólica são: falar muitas palavras numa língua desconhecida ou entender alguém que a fala; manifestar coisas distantes ou ocultas; mostrar forças superiores à idade ou às condições físicas. Esses sinais podem dar algum indício. Contudo, como tais sinais não precisam necessariamente ser considerados como vindos do Diabo, deve-se dar atenção também a outros, sobretudo de ordem moral e espiritual, que manifestam de outra forma a intervenção diabólica, como, por exemplo, forte aversão a Deus, ao Santíssimo Nome de Jesus, à Bem-aventurada Virgem Maria e aos Santos, à Igreja, à palavra de Deus, a coisas, ritos, especialmente sacramentais, e imagens sacras. E, finalmente, deve ser cuidadosamente examinada a relação de todos os sinais com a fé e o combate espiritual na vida cristã, já que o Maligno, em primeiro lugar, é inimigo de Deus e de tudo o que une os fiéis com a ação salvífica de Deus.

17. O exorcista julgará prudentemente sobre a necessidade de usar o rito do exorcismo após diligente indagação, observando sempre o

---

[33] Cf. Bento XIV, Carta *Sollicittudini*, 1º de outubro de 1745; Cf. *C.D.C.* de 1917, can. 1152 § 2.

segredo da confissão, consultando, se for possível, peritos em assuntos espirituais e, se for necessário, em ciência médica e psiquiátrica, que tenham o senso das coisas espirituais.

18. Em casos referentes a não católicos e em outros mais difíceis, o assunto seja levado ao Bispo diocesano que, por prudência, pode pedir a opinião de outros peritos antes de assumir a decisão sobre o exorcismo.

19. O exorcismo seja feito de forma que manifeste a fé da Igreja e ninguém possa considerá-lo uma ação mágica ou supersticiosa. Deve-se tomar cuidado para que não se transforme num espetáculo para os presentes. Enquanto se faz o exorcismo, de forma alguma se dê espaço a qualquer meio de comunicação social e até, antes de fazer o exorcismo e depois de feito, o exorcista e os presentes não divulguem a notícia, observando a necessária discrição.

IV. O USO DO RITO

20. No rito do exorcismo, além das próprias fórmulas do exorcismo, dê-se especial atenção aos gestos ou ritos que têm mais importância e sentido pelo fato de serem usados no tempo de purificação na caminhada catecumenal, que são: o sinal da cruz, a imposição das mãos, o sopro e a aspersão com água benta.

21. O rito começa com a aspersão da água benta, pela qual, recordando a purificação recebida no Batismo, se defende o atormentado contra as insídias do inimigo.

A água pode ser benta antes do rito ou no próprio rito, antes da aspersão, e, se for oportuno, misturando-se o sal.

22. Segue-se a ladainha, pela qual se invoca sobre o atormentado a misericórdia de Deus por intercessão de todos os Santos.

23. Depois da ladainha, o exorcista pode recitar um ou mais salmos que imploram a proteção do Altíssimo e exalta a vitória de Cristo sobre o Maligno. Os salmos são recitados do começo ao fim ou em forma responsorial. Findo o salmo, o próprio exorcista pode acrescentar a oração coleta sobre o salmo.

24. A seguir, proclama-se o Evangelho, como sinal da presença de Cristo que, pela própria palavra proclamada na Igreja, cura as enfermidades do ser humano.

25. Depois, o exorcista impõe as mãos sobre o atormentado, invocando, assim, a força do Espírito Santo, para que o Diabo saia dele que, pelo Batismo, foi feito templo de Deus. Ao mesmo tempo, pode soprar sobre a face do atormentado.

26. Então recita-se o Creio ou se renovam as promessas batismais da fé, com a renúncia a Satanás. Segue-se o Pai-nosso, para implorar que Deus, nosso Pai, nos livre do mal.

27. Feito isso, o exorcista mostra ao atormentado a cruz do Senhor, que é fonte de toda a bênção e graça, e traça o sinal da cruz sobre ele, indicando o poder de Cristo sobre o Diabo.

28. Por fim, diz a fórmula deprecativa, pela qual se pede a Deus, e também a fórmula imperativa, pela qual, em nome de Cristo, o Diabo é diretamente esconjurado a sair do atormentado. Não se use a fórmula imperativa a não ser depois da fórmula deprecativa. Mas a fórmula deprecativa pode ser usada também sem a imperativa.

29. Se for necessário, tudo isso pode ser repetido, seja na mesma celebração, observando-se o que se anota abaixo, no n. 34, seja em outra ocasião, até que o atormentado seja totalmente livre.

30. Conclui-se o rito com um canto de ação de graças, a oração e a bênção.

V. CIRCUNSTÂNCIAS E ADAPTAÇÕES

31. O exorcista, ciente de que tal espécie de demônios não pode ser expulsa senão pela oração e pelo jejum, seguindo o exemplo dos Santos Padres, cuide de usar, sobretudo, esses dois remédios para impetrar, para si e para os outros, na medida do possível, o auxílio divino.

32. O fiel atormentado deve, sobretudo antes do exorcismo, se lhe for possível, orar a Deus, mortificar-se, renovar com frequência a fé recebida no Batismo, aproximar-se muitas vezes do sacramento da reconciliação e munir-se da sagrada Eucaristia. Da mesma forma, os

parentes, os amigos, o confessor ou o diretor espiritual podem ajudá-lo na oração, se, com a caridade e a presença de outros fiéis, a oração se tornar mais fácil para ele.

33. Se for possível, o exorcismo seja feito num oratório ou em outro lugar adequado, separado da multidão, onde sobressaia a imagem do Crucifixo. No local deve haver também uma imagem da Bem-aventurada Virgem Maria.

34. Considerando as condições e circunstâncias do atormentado, o exorcista usa livremente as várias possibilidades apresentadas no ritual. Por conseguinte, na celebração, observe a estrutura, disponha e escolha as fórmulas e orações necessárias, adaptando tudo às condições de cada pessoa.

a) Primeiramente, preste atenção ao estado físico e psicológico do atormentado e às possíveis variações do mesmo estado durante o dia ou a hora.

b) Quando não houver uma presença, mesmo pequena, de fiéis, o que é exigido também pela prudência e sabedoria da fé, o exorcista se recorde que, nele mesmo e no fiel atormentado, já está presente a Igreja, e recorde isso ao próprio fiel atormentado.

c) Cuide sempre que o fiel atormentado, enquanto é exorcizado, se for possível, fique totalmente recolhido, dirija-se a Deus e, com fé firme e total humildade, lhe peça a libertação. E, se for atormentado com maior veemência, suporte com paciência, não duvidando do auxílio de Deus, pelo ministério da Igreja.

35. Se, para a celebração do exorcismo, se julgar que devem ser admitidos alguns circunstantes escolhidos, sejam admoestados a rezar fervorosamente pelo irmão atormentado, seja em particular, seja da forma indicada no ritual, abstendo-se, porém, de qualquer fórmula de exorcismo, quer deprecativa, quer imperativa, que deve ser pronunciada unicamente pelo exorcista.

36. Compete ao fiel libertado do tormento, sozinho ou com seus familiares, render graças a Deus pela paz alcançada. Além disso, seja estimulado a perseverar na oração, haurindo-a, sobretudo, da Sagrada Escritura, a frequentar os sacramentos da Penitência e da Eucaristia e, ainda, a levar uma vida cristã cheia de obras de caridade e amor fraterno para com todos.

VI. ADAPTAÇÕES QUE COMPETEM ÀS CONFERÊNCIAS DOS BISPOS

37. Compete às Conferências dos Bispos:

a) Preparar a tradução dos textos, observando rigorosamente a integridade e a fidelidade.

b) Se for necessário e julgado útil, com o consenso da Santa Sé, adaptar os sinais e os gestos do próprio ritual, levando em consideração a cultura e a índole do próprio povo.

38. Além da tradução da Introdução Geral, que deve ser integral, se as Conferências dos Bispos julgarem oportuno, pode-se acrescentar um *Diretório pastoral sobre o uso do exorcismo maior*, pelo qual os exorcistas não só compreendam melhor a doutrina da Introdução Geral e aprendam o seu significado pleno, mas também se reúnam documentos de autores aprovados, sobre o modo de agir, falar, perguntar e de julgar. Esses Diretórios, que podem ser compostos com a colaboração de sacerdotes experimentados na ciência e na madura experiência por um longo exercício no ministério do exorcismo em cada região e cultura, devem ser reconhecidos pela Sé Apostólica, segundo a norma do direito.

Capítulo I

RITO DO EXORCISMO MAIOR

39. Antes de iniciar o rito do exorcismo, o sacerdote exorcista se prepare adequadamente para a ocasião, podendo dizer, em silêncio, a seguinte oração:

Senhor Jesus Cristo, Palavra de Deus Pai,
Deus de toda criatura,
que destes aos vossos santos Apóstolos
o poder de, em vosso nome, submeter os demônios
e de subjugar toda a força do inimigo;
Deus santo,
que entre outras maravilhas vossas
vos dignastes ordenar:
afugentai os demônios;
Deus forte,
por cuja força Satanás caiu fulminado do céu;
com temor e tremor,
invoco, humildemente, o vosso nome santo,
para que escudado por vosso poder,
eu possa enfrentar confiante
o espírito maligno
que atormenta esta vossa criatura.
Vós, que vireis julgar os vivos e os mortos
e o mundo pelo fogo.
Amém.

Pode acrescentar também outras orações, como, por exemplo, Em nome de Jesus Cristo... (Apêndice I, n. 7, p. 78); À vossa proteção... (Apêndice I, n. 11, p. 82 ou II, n. 8, p. 86); São Miguel Arcanjo... (Apêndice II, n. 10, p. 88); São Miguel Arcanjo... (Apêndice I, n. 11, p. 86).

Ritos iniciais

40. O sacerdote exorcista dirige-se para o local da celebração, revestido da veste conveniente ao ministério sagrado que, conforme o costume, será a alva, ou a sobrepeliz sobre o hábito talar, e estola roxa. Feita a devida reverência ao altar ou, na falta dele, à cruz, dirige-se para a cadeira. O exorcista e os fiéis, de pé, fazem o sinal da cruz, enquanto o exorcista, voltado para os presentes, diz:

Em nome do Pai e do Filho e do Espírito Santo.

Todos respondem:
Amém.

A seguir, o exorcista abre os braços e saúda os presentes, dizendo:

O Deus, Pai todo-poderoso,
que quer salvar todo ser humano,
esteja convosco.

Todos respondem:

Bendito seja Deus que nos reuniu no amor de Cristo.

Ou:

O Senhor esteja convosco.

Todos respondem:

Ele está no meio de nós.

A seguir, com brevíssimas palavras e bondosamente, pode preparar o fiel atormentado pelo Diabo e os demais presentes para a celebração.

41. Se parecer oportuno, o exorcista benze a água, dizendo, de mãos juntas, uma das seguintes orações:

Ó Deus, que para a salvação do gênero humano
unistes à água os maiores sacramentos,
atendei, com bondade, às nossas súplicas
e infundi neste elemento
a força da vossa † bênção.

Que a vossa criatura,
servindo aos vossos mistérios,
receba o efeito da graça divina,
de expulsar os demônios e afastar as doenças,

para que tudo o que nas moradas dos fiéis
for aspergido com esta água, seja liberto do mal;
não permaneça ali o espírito maligno
e se afastem todas as ciladas do inimigo oculto;
e os vossos fiéis,
por invocação do vosso santo nome,
se livrem de todos os ataques.
Por Cristo, nosso Senhor.

Todos respondem:

Amém.

42. Ou:

Senhor Deus todo-poderoso,
que sois fonte e origem de toda a vida do corpo e da alma,
abençoai † esta água,
que usaremos com confiança
para pedir o perdão pelos nossos pecados
e conseguir a proteção da vossa graça
contra todas as doenças e ciladas do inimigo.
Fazei, Senhor,
que pela intervenção da vossa misericórdia,
sempre brotem águas vivas para a nossa salvação,
a fim de nos aproximarmos de vós
com um coração puro,
e evitar todos os perigos da alma e do corpo.
Por Cristo, nosso Senhor.

Todos respondem:

Amém.

43. Se, na bênção, se misturar sal à água, o exorcista benze o sal, dizendo:

Humildemente vos pedimos, Deus todo-poderoso:
abençoai †, por vossa bondade, este sal
que, através do profeta Eliseu,
ordenastes jogar na fonte
para curar a esterilidade da água.

Onde quer que esta mistura de sal e água for aspergida,
fazei, Senhor,
que, afastado todo o ataque do inimigo,
nos proteja sempre a presença do vosso Espírito Santo.
Por Cristo, nosso Senhor.

Todos respondem:

Amém.

E põe o sal na água, sem nada dizer.

44. A seguir, o exorcista asperge com a água benta o fiel atormentado, os presentes, bem como o local, dizendo:

Eis a água benta!
Que ela seja para nós salvação e vida,
em nome do Pai, e do Filho, e do Espírito Santo.

Todos respondem:

Amém.

Ou diz:

Esta água seja a memória do Batismo
que recebemos,
e nos recorde o Cristo,
que nos remiu por sua Paixão e Ressurreição.

Todos respondem:

Amém.

Ladainha

45. A seguir, com estas palavras ou outras semelhantes, o exorcista dirige-se aos presentes e os convida à oração:

Caríssimos irmãos e irmãs,
supliquemos humildemente a misericórdia do Deus todo-poderoso,
para que, movido pela intercessão de todos os Santos,
ouça com bondade a voz de sua Igreja
em favor do nosso irmão (da nossa irmã) N.,
que é oprimido(a) por grave necessidade.

46. E logo, se for possível, o exorcista se ajoelha, seguido por todos os participantes. Ele ou um dos presentes inicia a ladainha, à qual podem-se acrescentar, conforme o lugar, outros nomes de santos (p. ex., o Padroeiro do lugar, do fiel atormentado ou outros) ou outras intenções mais adaptadas às circunstâncias. De acordo com a invocação, os participantes podem responder: rogai por nós, ou rogai por ele (ela); livrai-nos (o/a), Senhor; tende piedade de nós (dele/dela).

Senhor, tende piedade de nós.
Senhor, tende piedade de nós.

Cristo, tende piedade de nós.
Cristo, tende piedade de nós.

Senhor, tende piedade de nós.
Senhor, tende piedade de nós.

Santa Maria, Mãe de Deus,	rogai por nós (ou por ele[a]).
São Miguel, São Gabriel e São Rafael,	rogai por nós (ou por ele[a]).
Todos os Anjos de Deus,	rogai por nós (ou por ele[a]).
Santo Elias,	rogai por nós (ou por ele[a]).
São João Batista,	rogai por nós (ou por ele[a]).
São José,	rogai por nós (ou por ele[a]).
Todos os santos Patriarcas e Profetas,	rogai por nós (ou por ele[a]).
São Pedro e São Paulo,	rogai por nós (ou por ele[a]).
Santo André,	rogai por nós (ou por ele[a]).
São João e São Tiago,	rogai por nós (ou por ele[a]).
Todos os santos Apóstolos e Evangelistas,	rogai por nós (ou por ele[a]).
Santa Maria Madalena,	rogai por nós (ou por ele[a]).
Todos os santos Discípulos do Senhor,	rogai por nós (ou por ele[a]).
Santo Estêvão,	rogai por nós (ou por ele[a]).
São Lourenço,	rogai por nós (ou por ele[a]).
Santa Perpétua e Santa Felicidade,	rogai por nós (ou por ele[a]).
Todos os santos Mártires,	rogai por nós (ou por ele[a]).
São Gregório,	rogai por nós (ou por ele[a]).
Santo Ambrósio,	rogai por nós (ou por ele[a]).
São Jerônimo,	rogai por nós (ou por ele[a]).
Santo Agostinho,	rogai por nós (ou por ele[a]).
São Martinho,	rogai por nós (ou por ele[a]).
Santo Antão,	rogai por nós (ou por ele[a]).
São Bento,	rogai por nós (ou por ele[a]).
São Francisco e São Domingos,	rogai por nós (ou por ele[a]).

Santo Inácio e São Francisco Xavier,	rogai por nós (ou por ele[a]).
Santo Antônio de Pádua,	rogai por nós (ou por ele[a]).
São João Maria Vianney,	rogai por nós (ou por ele[a]).
Santa Catarina de Sena,	rogai por nós (ou por ele[a]).
Santa Teresa de Jesus,	rogai por nós (ou por ele[a]).
Todos os Santos e Santas de Deus,	rogai por nós (ou por ele[a]).

Sede-nos propício,	livrai-nos (ou livrai-o[a]), Senhor.
De todo mal,	livrai-nos (ou livrai-o[a]), Senhor.
De todo pecado,	livrai-nos (ou livrai-o[a]), Senhor.
Das insídias do demônio,	livrai-nos (ou livrai-o[a]), Senhor.
Da morte eterna,	livrai-nos (ou livrai-o[a]), Senhor.

Pela vossa encarnação,	livrai-nos (ou livrai-o[a]), Senhor.
Pelo vosso santo jejum,	livrai-nos (ou livrai-o[a]), Senhor.
Pela vossa cruz e paixão,	livrai-nos (ou livrai-o[a]), Senhor.
Pela vossa morte e sepultura,	livrai-nos (ou livrai-o[a]), Senhor.
Pela vossa santa ressurreição,	livrai-nos (ou livrai-o[a]), Senhor.
Pela vossa admirável ascensão,	livrai-nos (ou livrai-o[a]), Senhor.
Pela efusão do Espírito Santo Paráclito,	livrai-nos (ou livrai-o[a]), Senhor.

Cristo, Filho do Deus vivo,	tende piedade de nós (ou dele[a]).
Vós, que por nós fostes tentado pelo demônio,	tende piedade de nós (ou dele[a]).
Vós, que libertastes os que estavam atormentados por espíritos imundos,	tende piedade de nos (ou dele[a]).
Vós, que destes aos vossos discípulos o poder sobre os demônios,	tende piedade de nós (ou dele[a]).
Vós que sentado à direita do Pai intercedeis por nós,	tende piedade de nós (ou dele[a]).
Vós que vireis julgar os vivos e os mortos,	tende piedade de nós (ou dele[a]).

Apesar de nossos pecados	nós vos rogamos, ouvi-nos.
Para que nos poupeis,	nós vos rogamos, ouvi-nos.
Para que nos perdoeis,	nós vos rogamos, ouvi-nos.

Para que vos digneis confortar-nos e conservar-nos
   em vosso santo serviço,   nós vos rogamos, ouvi-nos.
Para que eleveis nossas mentes
   aos desejos celestes,   nós vos rogamos, ouvi-nos.
Para que a vossa Igreja vos sirva
   em segurança e liberdade,   nós vos rogamos, ouvi-nos.
Para que vos digneis dar a todos a paz
   e a verdadeira concórdia,   nós vos rogamos, ouvi-nos.
Para que vos digneis atender-nos,   nós vos rogamos, ouvi-nos.

Cristo, ouvi-nos.
Cristo, ouvi-nos.

Cristo, atendei-nos.
Cristo, atendei-nos.

47. Terminada a Ladainha, de pé, o exorcista diz a seguinte oração:

Ó Deus, sempre pronto
a compadecer-vos e a perdoar,
atendei à nossa súplica,
e libertai, na vossa bondade de Pai,
este vosso servo (esta vossa serva) N.,
oprimido(a) pelas amarras do poder diabólico.
Por Cristo, nosso Senhor.

Todos respondem:

Amém.

E se levantam.

48. Ou:

Ó Deus de bondade,
vós nos vedes desfalecer,
por nossa fraqueza.
Nós vos pedimos, de todo o coração,
por este nosso irmão (esta nossa irmã) N..
Afastai dele(a) o espírito maligno
e restabelecei-o(a)
na plena liberdade dos vossos filhos e filhas,

a fim de que com os vossos santos e eleitos
vos louve para sempre.
Por Cristo, nosso Senhor.

Todos respondem:

Amém.

E se levantam.

RECITAÇÃO DO SALMO

49. A seguir, de acordo com a oportunidade, o exorcista pode recitar um ou mais salmos, ou somente alguns versos ou estrofes escolhidos. Aqui é proposto um salmo. Podem ser acrescentados outros, dentre os textos indicados no Capítulo II (nn. 67-75). Os salmos podem ser introduzidos com uma frase do Novo Testamento e concluídos com uma oração, que se encontra no próprio rito.

Os presentes podem participar como de costume.

50.

Salmo 90

Sob a proteção do Altíssimo

*Eis que vos dei o poder de pisar sobre serpentes
e todas as forças do inimigo* (Lc 10,19).

℟. Vós sois meu refúgio, ó Senhor!

– Quem habita ao abrigo do Altíssimo *
 e vive à sombra do Senhor onipotente,
– diz ao Senhor: "Sois meu refúgio e proteção, *
 sois o meu Deus, no qual confio inteiramente".

℟. Vós sois meu refúgio, ó Senhor!

– Do caçador e do seu laço ele te livra. *
 Ele te salva da palavra que destrói.
– Com suas asas haverá de proteger-te, *
 com seu escudo e suas armas defender-te.

℟. Vós sois meu refúgio, ó Senhor!

– Não temerás terror algum durante a noite, *
  nem a flecha disparada em pleno dia;
– nem a peste que caminha pelo escuro, *
  nem a desgraça que devasta ao meio-dia.

℟. Vós sois meu refúgio, ó Senhor!

– Podem cair muitos milhares a teu lado, +
  podem cair até dez mil à tua direita: *
  nenhum mal há de chegar perto de ti.

℟. Vós sois meu refúgio, ó Senhor!

– Os teus olhos haverão de contemplar *
  o castigo infligido aos pecadores;
– pois fizeste do Senhor o teu refúgio, *
  e no Altíssimo encontraste o teu abrigo.

℟. Vós sois meu refúgio, ó Senhor!

– Nenhum mal há de chegar perto de ti, *
  nem a desgraça baterá à tua porta;
– pois o Senhor deu uma ordem a seus anjos *
  para em todos os caminhos te guardarem.

℟. Vós sois meu refúgio, ó Senhor!

– Haverão de te levar em suas mãos, *
  para o teu pé não se ferir nalguma pedra.
– Passarás por sobre cobras e serpentes, *
  pisarás sobre leões e outras feras.

℟. Vós sois meu refúgio, ó Senhor!

– "Porque a mim se confiou, hei de livrá-lo *
  e protegê-lo, pois meu nome ele conhece.
– Ao invocar-me hei de ouvi-lo e atendê-lo, *
  e a seu lado eu estarei em suas dores.

℟. Vós sois meu refúgio, ó Senhor!

= Hei de livrá-lo e de glória coroá-lo, +
  vou conceder-lhe vida longa e dias plenos, *
  e vou mostrar-lhe minha graça e salvação".

℟. Vós sois meu refúgio, ó Senhor!

– Glória ao Pai e ao Filho e ao Espírito Santo. *
Como era no princípio, agora e sempre. Amém.

℟. Vós sois meu refúgio, ó Senhor!

Oração

Ó Senhor, nosso refúgio e proteção,
livrai o vosso servo (a vossa serva) N.
do laço dos demônios caçadores
e da palavra destruidora dos que o(a) perseguem;
protegei-o(a) à sombra das vossas asas,
cobri-o(a) com o escudo da vossa força
e mostrai-lhe, com bondade, a vossa salvação.
Por Cristo, nosso Senhor.

Todos respondem:

Amém.

LEITURA DO EVANGELHO

51. O exorcista lê este Evangelho, enquanto os presentes o ouvem de pé. Pode também escolher um dos trechos propostos no Capítulo II, n. 76-80.

52. *A Palavra se fez carne e habitou entre nós*

☩ Leitura do santo Evangelho segundo João   1,1-14

¹ No princípio era a Palavra,
  e a Palavra estava com Deus;
  e a Palavra era Deus.
² No princípio estava ela com Deus.
³ Tudo foi feito por ela
  e sem ela nada se fez
  de tudo que foi feito.
⁴ Nela estava a vida,
  e a vida era a luz dos homens.
⁵ E a luz brilha nas trevas,
  e as trevas não conseguiram dominá-la.

⁶ Surgiu um homem enviado por Deus;
  seu nome era João.
⁷ Ele veio como testemunha,
  para dar testemunho da luz,
  para que todos chegassem à fé por meio dele.
⁸ Ele não era a luz,
  mas veio para dar testemunho da luz:
⁹ daquele que era a luz de verdade,
  que, vindo ao mundo,
  ilumina todo ser humano.
¹⁰ A Palavra estava no mundo
  – e o mundo foi feito por meio dela –
  mas o mundo não quis conhecê-la.
¹¹ Veio para o que era seu,
  e os seus não a acolheram.
¹² Mas, a todos que a receberam,
  deu-lhes capacidade de se tornarem filhos de Deus,
  isto é, aos que acreditam em seu nome,
¹³ pois estes não nasceram do sangue,
  nem da vontade da carne,
  nem da vontade do varão,
  mas de Deus mesmo.
¹⁴ E a Palavra se fez carne
  e habitou entre nós.
  E nós contemplamos a sua glória,
  glória que recebe do Pai como Filho unigênito,
  cheio de graça e de verdade.

Imposição das mãos

53. Depois o exorcista impõe as mãos sobre a cabeça do fiel atormentado e diz:

V. Senhor, venha até nós a vossa misericórdia,
  porque em vós nós esperamos.

Todos dizem:

Senhor, tende piedade de nós.

V. Enviai o vosso Espírito e tudo será criado
  e renovareis a face da terra.

Todos dizem:

Senhor, tende piedade de nós.

℣. Meu Deus, salvai o vosso servo (a vossa serva)
que em vós confia.

Todos dizem:

Senhor, tende piedade de nós.

℣. Senhor, sede para ele (ela)
uma torre fortificada diante do inimigo.

Todos dizem:

Senhor, tende piedade de nós.

℣. O inimigo nada consiga contra ele (ela)
e o filho da iniquidade não o(a) prejudique.

Todos dizem:

Senhor, tende piedade de nós.

℣. Do vosso santuário enviai-lhe o auxílio, Senhor,
e ajudai-o(a) do alto, do Monte de Sião.

Todos dizem:

Senhor, tende piedade de nós.

Profissão de fé ou *Promessas do Batismo*

54. O exorcista convida os presentes a professar a fé. Se usar o Creio, diz:

Eis a vitória que vence o mundo: a nossa fé.

Ou, se usar as promessas e renúncias do Batismo:

Renovemos as promessas do santo Batismo,
pelas quais, outrora, renunciamos a Satanás e às suas obras,
e prometemos servir a Deus na santa Igreja católica.

55.   PRIMEIRA FÓRMULA

Todos juntos recitam o Creio:

Creio em Deus Pai todo-poderoso,
criador do céu e da terra.
E em Jesus Cristo, seu único Filho, nosso Senhor,
que foi concebido pelo poder do Espírito Santo;
nasceu de Maria Virgem;
padeceu sob Pôncio Pilatos,
foi crucificado, morto e sepultado.
Desceu à mansão dos mortos;
ressuscitou ao terceiro dia,
subiu aos céus;
está sentado à direita de Deus Pai todo-poderoso,
donde há de vir a julgar os vivos e os mortos.
Creio no Espírito Santo;
na Santa Igreja católica;
na comunhão dos Santos;
na remissão dos pecados;
na ressurreição da carne;
e na vida eterna.
Amém.

Ou:

Creio em um só Deus, Pai todo-poderoso,
criador do céu e da terra,
de todas as coisas visíveis e invisíveis.
Creio em um só Senhor, Jesus Cristo,
Filho Unigênito de Deus,
nascido do Pai antes de todos os séculos:
Deus de Deus,
luz da luz,
Deus verdadeiro de Deus verdadeiro,
gerado, não criado,
consubstancial ao Pai.
Por ele todas as coisas foram feitas.
E por nós, homens, e para nossa salvação,
desceu dos céus:

e se encarnou pelo Espírito Santo,
no seio da Virgem Maria,
e se fez homem.
Também por nós foi crucificado
sob Pôncio Pilatos;
padeceu e foi sepultado.
Ressuscitou ao terceiro dia,
conforme as Escrituras,
e subiu aos céus,
onde está sentado à direita do Pai.
E de novo há de vir, em sua glória,
para julgar os vivos e os mortos;
e o seu reino não terá fim.
Creio no Espírito Santo,
Senhor que dá a vida
e procede do Pai e do Filho;
e com o Pai e o Filho é adorado e glorificado:
ele que falou pelos profetas.
Creio na Igreja,
una, santa, católica e apostólica.
Professo um só batismo
para a remissão dos pecados.
E espero a ressurreição dos mortos
e a vida do mundo que há de vir.
Amém.

56.   **SEGUNDA FÓRMULA**

Exorcista:

Renunciais ao demônio?

Todos:

Renuncio.

Exorcista:

E a todas as suas obras?

Todos:

Renuncio.

Exorcista:
E a todas as suas seduções?

Todos:
Renuncio.

Ou:
Exorcista:
Para viver na liberdade dos filhos de Deus,
renunciais ao pecado?

Todos:
Renuncio.

Exorcista:
Para viver como irmãos e irmãs,
renunciais a tudo o que vos possa desunir,
para que o pecado não domine sobre vós?

Todos:
Renuncio.

Exorcista:
Para seguir Jesus Cristo,
renunciais ao demônio, autor e princípio do pecado?

Todos:
Renuncio.

O exorcista continua:
Credes em Deus, Pai todo-poderoso,
criador do céu e da terra?

Todos:
Creio.

Exorcista:
Credes em Jesus Cristo, seu Filho único, nosso Senhor,
que nasceu da Virgem Maria,
padeceu e foi sepultado,
ressuscitou dos mortos e subiu ao céu?

Todos:
Creio.

Exorcista:
Credes no Espírito Santo,
na Santa Igreja católica,
na comunhão dos santos,
na remissão dos pecados,
na ressurreição dos mortos e na vida eterna?

Todos:
Creio.

Oração do Pai-nosso

57. A seguir, unindo as mãos, o exorcista introduz a oração do Pai-nosso, dizendo:

Com nosso irmão (nossa irmã)
supliquemos a Deus que nos livre do mal,
rezando como nosso Senhor Jesus Cristo nos ensinou:

Ou:

Não sabemos pedir o que nos convém,
mas o Espírito Santo vem em auxílio de nossa fraqueza;
ele advoga e intercede por nós segundo Deus.
Digamos, pois, no Espírito:

Abre os braços e, com todos os presentes, prossegue:

Pai nosso que estais nos céus,
santificado seja o vosso nome;
venha a nós o vosso reino,
seja feita a vossa vontade,
assim na terra como no céu;
o pão nosso de cada dia nos dai hoje;
perdoai-nos as nossas ofensas,
assim como nós perdoamos
a quem nos tem ofendido,
e não nos deixeis cair em tentação,
mas livrai-nos do mal.

Une as mãos e juntamente com os presentes conclui a oração, aclamando:

Vosso é o reino, o poder e a glória para sempre!

Sinal da cruz

58. O exorcista mostra a cruz e com ela abençoa o fiel atormentado, dizendo:

Eis a Cruz do Senhor! Afastai-vos, inimigos da salvação.

Ou:

Pelo sinal da santa Cruz, nosso Deus te livre do inimigo.

Ou:

A santa Cruz seja para ti luz e vida.

Sopro

59. Se parecer oportuno, o exorcista assopra na direção da face do fiel atormentado, dizendo:

Repeli, Senhor, os espíritos maus
pelo Sopro da vossa boca.
Ordenai que se afastem,
pois está próximo o vosso reino.

FÓRMULAS DE EXORCISMO

60. A seguir, o exorcista pronuncia a fórmula deprecativa do exorcismo maior, conforme segue abaixo, n. 61. Se for oportuno, acrescentará também a fórmula imperativa, como no n. 62. Outras fórmulas deprecativas ou imperativas são propostas no Capítulo II, n. 81-84.

61. *Fórmula deprecativa*

Ó Deus, criador e defensor do gênero humano,
olhai para este vosso servo (esta vossa serva) N.,
que criastes à vossa imagem
e chamais para o convívio da vossa glória.
O antigo inimigo o(a) tortura terrivelmente,
com crueldade o(a) oprime
e ferozmente o(a) conturba.
Enviai-lhe o vosso Espírito Santo
para que o(a) fortifique na luta,

o(a) ensine a suplicar na tribulação
e o(a) defenda com sua poderosa proteção.

Atendei, ó Pai santo,
o gemido da Igreja suplicante.
Não permitais que o vosso filho (a vossa filha)
seja possuído(a) pelo pai da mentira
e que o vosso servo (a vossa serva),
remido(a) pelo preço do sangue de Cristo,
esteja preso nas garras do Diabo;
não deixeis que o templo do vosso Espírito
seja habitado por um espírito imundo.

Atendei, ó Deus de misericórdia,
as preces da Bem-aventurada Virgem Maria,
cujo Filho, morrendo na cruz,
esmagou a cabeça da antiga serpente
e confiou todos os seres humanos
a sua Mãe como filhos e filhas.
Brilhe neste vosso servo (nesta vossa serva)
a luz da verdade,
entre nele (nela) a alegria da paz
e o(a) possua o Espírito da santidade
que, morando nele (nela),
lhe restitua a serenidade e a pureza de coração.

Atendei, ó Senhor,
a súplica de São Miguel Arcanjo
e de todos os Anjos que vos servem.
Ó Deus das forças celestes,
repeli a violência do Diabo;
ó Deus da verdade e do perdão,
afastai suas ciladas enganadoras;
ó Deus da liberdade e da graça,
desatai as correntes da maldade.

Senhor Deus,
que, no vosso amor de Pai,
salvastes a humanidade,

atendei a oração
dos vossos Apóstolos Pedro e Paulo
e de todos os Santos,
pois, pela vossa graça,
eles venceram o Maligno.
Livrai este vosso servo (esta vossa serva)
de toda força hostil
e guardai-o(a) ileso(a),
para que, tendo retornado
à serenidade e à comunhão convosco,
vos ame de todo o coração e vos sirva por suas obras,
vos glorifique com louvores e exalte com a vida.

Por Cristo, nosso Senhor.

E todos respondem:
Amém.

62. *Fórmula imperativa*

Eu te esconjuro,
Satanás, inimigo da salvação do gênero humano.
Reconhece a justiça e a bondade de Deus Pai,
que condenou tua soberba e inveja
com justo juízo.
Afasta-te deste servo (desta serva) de Deus N.,
que o Senhor criou à sua imagem,
agraciou com seus benefícios
e, em sua bondade, adotou como filho (filha).

Eu te esconjuro,
Satanás, príncipe deste mundo.
Reconhece o poder e a força de Jesus Cristo,
que te venceu no deserto,
te superou no horto,
e te despojou na cruz;
e, ressurgindo do sepulcro,
transferiu teus troféus para o reino da luz.
Retira-te desta criatura N.,

que, ao nascer, Jesus Cristo fez seu irmão (sua irmã)
e, ao morrer, o(a) conquistou com seu sangue.

Eu te esconjuro,
Satanás, enganador do gênero humano.
Reconhece o Espírito da verdade e da graça,
que repele as tuas ciladas
e confunde as tuas mentiras.
Sai desta criatura de Deus N.,
que ele marcou com um sigilo divino;
afasta-te deste homem (desta mulher),
a quem Deus tornou um templo santo
por uma unção espiritual.

Afasta-te, pois, Satanás,
em nome do † Pai e do † Filho e do † Espírito Santo;
afasta-te pela fé e pela oração da Igreja;
afasta-te pelo sinal da santa cruz
de nosso Senhor, Jesus Cristo,
que vive e reina para sempre.

Todos respondem:

Amém.

Outras fórmulas deprecativas e imperativas, que podem ser usadas ou trocadas com as indicadas aqui, cf. abaixo, no Capítulo II, n. 81-83.

Ação de graças

63. Depois da libertação do fiel atormentado, o exorcista e os presentes proferem o Cântico:

– A minha alma engrandece ao Senhor *
  e se alegrou o meu espírito em Deus, meu Salvador,
– pois ele viu a pequenez de sua serva, *
  desde agora as gerações hão de chamar-me de bendita.
– O Poderoso fez por mim maravilhas *
  e Santo é o seu nome!

– Seu amor, de geração em geração, *
   chega a todos que o respeitam.

– Demonstrou o poder de seu braço, *
   dispersou os orgulhosos.
– Derrubou os poderosos de seus tronos *
   e os humildes exaltou.

– De bens saciou os famintos *
   e despediu, sem nada, os ricos.
– Acolheu Israel, seu servidor, *
   fiel ao seu amor,

– como havia prometido aos nossos pais, *
   em favor de Abraão e de seus filhos para sempre.
– Glória ao Pai e ao Filho e ao Espírito Santo. *
   Como era no princípio, agora e sempre. Amém.

Ou:

– Bendito seja o Senhor Deus de Israel, *
   porque a seu povo visitou e libertou;
– e fez surgir um poderoso Salvador *
   na casa de Davi, seu servidor,
– como falara pela boca de seus santos, *
   os profetas desde os tempos mais antigos,
– para salvar-nos do poder dos inimigos *
   e da mão de todos quantos nos odeiam.
– Assim mostrou misericórdia a nossos pais, *
   recordando a sua santa Aliança
– e o juramento a Abraão, o nosso pai, *
   de conceder-nos que, libertos do inimigo,
= a ele nós sirvamos sem temor +
   em santidade e em justiça diante dele, *
   enquanto perdurarem nossos dias.
= Serás profeta do Altíssimo, ó menino, +
   pois irás andando à frente do Senhor *
   para aplainar e preparar os seus caminhos,
– anunciando ao seu povo a salvação, *
   que está na remissão de seus pecados;

– pela bondade e compaixão de nosso Deus, *
que sobre nós fará brilhar o Sol nascente,
– para iluminar a quantos jazem entre as trevas *
e na sombra da morte estão sentados
– e para dirigir os nossos passos, *
guiando-os no caminho da paz.
– Glória ao Pai e ao Filho e ao Espírito Santo. *
Como era no princípio, agora e sempre. Amém.

64. O exorcista diz a seguinte oração com as mãos estendidas:

Ó Deus, criador e salvador de todo ser humano,
no vosso amor de Pai, acolhestes, com bondade,
este vosso querido servo (esta vossa querida serva) N..
Conservai-o(a) por vossa providência,
e guardai-o(a) na liberdade
que vosso Filho lhe concedeu.
Fazei, Senhor, que o espírito da iniquidade
nunca mais tenha poder sobre ele (ela);
por vossa ordem, desçam sobre ele (ela)
a bondade e a paz do Espírito Santo;
e, assim, já não tema ao Malvado,
pois está conosco o Senhor Jesus Cristo,
que convosco vive e reina para sempre.

Todos respondem:

Amém.

65. Se se dever repetir o exorcismo, não se faz logo a despedida; se, porém, não for repetir, o exorcista conclui o rito com a bênção.

Ritos conclusivos

66. Por fim, faz-se a despedida. Voltado para os presentes, o exorcista, abrindo os braços, diz:

O Senhor esteja convoco.

Todos respondem:

Ele está no meio de nós.

O exorcista abençoa os presentes, dizendo:

Deus vos abençoe e vos guarde.

℟. Amém.

Ele vos mostre a sua face e se compadeça de vós.

℟. Amém.

Volva para vós o seu olhar e vos dê a sua paz.

℟. Amém.

Abençoe-vos Deus todo-poderoso,
Pai e Filho e † Espírito Santo.

Todos respondem:

Amém.

Ou:

A paz de Deus, que supera todo entendimento,
guarde vossos corações e vossas mentes,
no conhecimento e no amor de Deus
e de seu Filho, nosso Senhor, Jesus Cristo.

℟. Amém.

Abençoe-vos Deus todo-poderoso,
Pai e Filho e † Espírito Santo.

Todos respondem:

Amém.

Capítulo II

TEXTOS DIVERSOS
A SEREM USADOS, À ESCOLHA, NO RITO

I. SALMOS

67.

Salmo 3

O Senhor é o meu protetor

Não confiemos em nós mesmos e sim em Deus, que ressuscita os mortos (2Cor 1,9).

℟. Vós, ó Senhor, sois o meu protetor.

– Quão numerosos, ó Senhor, os que me atacam; *
  quanta gente se levanta contra mim!
– Muitos dizem, comentando a meu respeito: *
  "Ele não acha a salvação junto de Deus!"

℟. Vós, ó Senhor, sois o meu protetor.

– Mas sois vós o meu escudo protetor, *
  a minha glória que levanta minha cabeça!
– Quando eu chamei em alta voz pelo Senhor, *
  do Monte santo ele me ouviu e respondeu.

℟. Vós, ó Senhor, sois o meu protetor.

– Eu me deito e adormeço bem tranquilo; *
  acordo em paz, pois o Senhor é meu sustento.
– Não terei medo de milhares que me cerquem *
  e furiosos se levantem contra mim.

℟. Vós, ó Senhor, sois o meu protetor.

= Levantai-vos, ó Senhor, vinde salvar-me! +
Vós que feristes em seu rosto os que me atacam, *
e quebrastes aos malvados os seus dentes.
– Em vós, Senhor, nós encontramos salvação; *
e repouse a vossa bênção sobre o povo!

℟. Vós, ó Senhor, sois o meu protetor.

– Glória ao Pai e ao Filho e ao Espírito Santo. *
Como era no princípio, agora e sempre. Amém.

℟. Vós, ó Senhor, sois o meu protetor.

Oração

Olhai, ó Deus, nosso protetor,
e vede como se multiplicaram
os que atormentam o vosso servo (a vossa serva) N.;
acorrei, poderoso defensor,
e seja abundante sobre ele (ela) a vossa bênção,
para que, na própria expulsão do demônio,
vos reconheça como seu salvador.
Por Cristo, nosso Senhor.

Todos respondem:

Amém.

68.

Salmo 10(11)

O Senhor é a confiança do justo

Não temais: valeis mais do que muitos passarinhos (Mt 10,31).

℟. Eu confio no Senhor.

= No Senhor encontro abrigo; +
como, então, podeis dizer-me: *
"Voa aos montes, passarinho!

℟. Eu confio no Senhor.

– Eis os ímpios de arcos tensos, *
  pondo as flechas sobre as cordas,
– e alvejando em meio à noite *
  os de reto coração!

℟. Eu confio no Senhor.

= Quando os próprios fundamentos +
  do universo se abalaram, *
  o que pode ainda o justo?"

℟. Eu confio no Senhor.

– Deus está no templo santo, *
  e no céu tem o seu trono;
– volta os olhos para o mundo, *
  seu olhar penetra os homens.

℟. Eu confio no Senhor.

– Examina o justo e o ímpio *
  e detesta o que ama o mal.
= Sobre os maus fará chover +
  fogo, enxofre e vento ardente, *
  como parte de seu cálice.

℟. Eu confio no Senhor.

– Porque justo é nosso Deus *
  o Senhor ama a justiça.
– Quem tem reto coração *
  há de ver a sua face.

℟. Eu confio no Senhor.

– Glória ao Pai e ao Filho e ao Espírito Santo. *
  Como era no princípio, agora e sempre. Amém.

℟. Eu confio no Senhor.

Oração

Ó Deus, que amais a justiça e olhais para o pobre,
libertai o vosso servo (a vossa serva) N.
das ciladas ocultas
e defendei-o(a) das cadeias manifestas,
para que, agindo como vos agrada,
mereça ver a vossa face.
Por Cristo, nosso Senhor.

Todos respondem:
Amém.

69.

Salmo 12(13)

Lamentação do justo que confia no Senhor

Que o Deus da esperança vos encha de completa alegria e paz na fé, para que transborde em vós a esperança pela força do Espírito Santo (Rm 15,13).

℟. Meu coração, por vosso auxílio, rejubile.

– Até quando, ó Senhor, me esquecereis? *
   Até quando escondereis a vossa face?

℟. Meu coração, por vosso auxílio, rejubile.

= Até quando estará triste a minha alma, +
   e o coração angustiado cada dia? *
   Até quando o inimigo se erguerá?

℟. Meu coração, por vosso auxílio, rejubile.

= Olhai, Senhor, meu Deus, e respondei-me! +
   Não deixeis que se me apague a luz dos olhos *
   e se fechem, pela morte, adormecidos!

℟. Meu coração, por vosso auxílio, rejubile.

= Que o inimigo não me diga: "Eu triunfei!" +
   Nem exulte o opressor por minha queda, *
   uma vez que confiei no vosso amor!

℟. Meu coração, por vosso auxílio, rejubile.

– Meu coração, por vosso auxílio, rejubile, *
  e que eu vos cante pelo bem que me fizestes!

℞. Meu coração, por vosso auxílio, rejubile.

– Glória ao Pai e ao Filho e ao Espírito Santo.
  Como era no princípio, agora e sempre. Amém.

℞. Meu coração, por vosso auxílio, rejubile.

Oração

Deus todo-poderoso,
não desvieis do vosso servo (da vossa serva) N.
a vossa face,
para que o nosso inimigo
não se levante contra ele (ela).
Fazei que seu coração
rejubile pela vossa salvação,
fazendo-o(a) assim escapar
do abismo da segunda morte.
Por Cristo, nosso Senhor.

Todos respondem:

Amém.

70.

Salmo 21(22)

Aflição do justo e sua libertação

Cristo, nos dias de sua vida mortal, dirigiu preces e súplicas, entre veementes clamores e lágrimas, àquele que o podia salvar da morte, e foi atendido por sua piedade (Hb 5,7).

℞. Arrancai-me da goela do leão.

– Meu Deus, meu Deus, por que me abandonastes? *
  E ficais longe de meu grito e minha prece?
– Ó meu Deus, clamo de dia e não me ouvis, *
  clamo de noite e para mim não há resposta!

℞. Arrancai-me da goela do leão.

– Vós, no entanto, sois o santo em vosso Templo, *
  que habitais entre os louvores de Israel.
– Foi em vós que esperaram nossos pais; *
  esperaram e vós mesmo os libertastes.
– Seu clamor subiu a vós e foram salvos; *
  em vós confiaram e não foram enganados.

℟. Arrancai-me da goela do leão.

– Quanto a mim, eu sou um verme e não um homem; *
  sou o opróbrio e o desprezo das nações.
– Riem de mim todos aqueles que me veem, *
  torcem os lábios e sacodem a cabeça:
– "Ao Senhor se confiou, ele o liberte *
  e agora o salve, se é verdade que ele o ama!"

℟. Arrancai-me da goela do leão.

– Desde a minha concepção me conduzistes, *
  e no seio maternal me agasalhastes.
– Desde quando vim à luz vos fui entregue; *
  desde o ventre de minha mãe sois o meu Deus!
– Não fiqueis longe de mim, porque padeço; *
  ficai perto, pois não há quem me socorra!

℟. Arrancai-me da goela do leão.

– Por touros numerosos fui cercado, *
  e as feras de Basã me rodearam;
– escancararam contra mim as suas bocas, *
  como leões devoradores a rugir.

℟. Arrancai-me da goela do leão.

– Eu me sinto como a água derramada, *
  e meus ossos estão todos deslocados;
– como a cera se tornou meu coração, *
  e dentro do meu peito se derrete.

℟. Arrancai-me da goela do leão.

= Minha garganta está igual ao barro seco, +
  minha língua está colada ao céu da boca, *
  e por vós fui conduzido ao pó da morte!

– Cães numerosos me rodeiam furiosos, *
   e por um bando de malvados fui cercado.

℟. Arrancai-me da goela do leão.

– Transpassaram minhas mãos e os meus pés *
   e eu posso contar todos os meus ossos.
= Eis que me olham, e me vendo se deleitam! +
   Eles repartem entre si as minhas vestes *
   e sorteiam entre si a minha túnica.

℟. Arrancai-me da goela do leão.

– Vós, porém, ó meu Senhor, não fiqueis longe, *
   ó minha força, vinde logo em meu socorro!
– Da espada libertai a minha alma, *
   e das garras desses cães, a minha vida!

℟. Arrancai-me da goela do leão.

= Arrancai-me da goela do leão, *
   e a mim tão pobre, desses touros que me atacam!
– Anunciarei o vosso nome a meus irmãos *
   e no meio da assembleia hei de louvar-vos!

℟. Arrancai-me da goela do leão.

= Vós que temeis ao Senhor Deus, dai-lhe louvores; +
   glorificai-o, descendentes de Jacó, *
   e respeitai-o toda a raça de Israel!

℟. Arrancai-me da goela do leão.

– Porque Deus não desprezou nem rejeitou *
   a miséria do que sofre sem amparo;
– não desviou do humilhado a sua face, *
   mas o ouviu quando gritava por socorro.

℟. Arrancai-me da goela do leão.

– Sois meu louvor em meio à grande assembleia; *
   cumpro meus votos ante aqueles que vos temem!
= Vossos pobres vão comer e saciar-se. +
   E os que procuram o Senhor o louvarão: *
   "Seus corações tenham a vida para sempre!"

℟. Arrancai-me da goela do leão.

– Lembrem-se disso os confins de toda a terra, *
  para que voltem ao Senhor e se convertam,
– e se prostrem, adorando, diante dele, *
  todos os povos e as famílias das nações.

℟. Arrancai-me da goela do leão.

– Pois ao Senhor é que pertence a realeza; *
  ele domina sobre todas as nações.
– Somente a ele adorarão os poderosos, *
  e os que voltam para o pó o louvarão.
– Para ele há de viver a minha alma, *
  toda a minha descendência há de servi-lo;

℟. Arrancai-me da goela do leão.

– às futuras gerações anunciará *
  o poder e a justiça do Senhor;
– ao povo novo que há de vir, ela dirá: *
  "Eis a obra que o Senhor realizou!"

℟. Arrancai-me da goela do leão.

– Glória ao Pai e ao Filho e ao Espírito Santo. *
  Como era no princípio, agora e sempre. Amém.

℟. Arrancai-me da goela do leão.

Oração

Ó Deus, que reconciliastes o mundo convosco
pela paixão do vosso Filho,
atendei às nossas humildes preces.
Concedei com bondade o vosso auxílio
ao vosso servo (à vossa serva) N.;
defendei e libertai-o(a) da goela do leão
que procura subjugá-lo(a).
Por Cristo, nosso Senhor.

Todos respondem:

Amém.

71.

Salmo 30(31)

Súplica confiante do aflito

Clamando com voz alta, Jesus disse:
Pai, em tuas mãos entrego o meu espírito (Lc 23,46).

℟. Senhor, libertai-me das mãos do inimigo.

– Senhor, eu ponho em vós minha esperança; *
que eu não fique envergonhado eternamente!
= Porque sois justo, defendei-me e libertai-me, +
inclinai o vosso ouvido para mim; *
apressai-vos, ó Senhor, em socorrer-me!

℟. Senhor, libertai-me das mãos do inimigo.

– Sede uma rocha protetora para mim, *
um abrigo bem seguro que me salve!
– Sim, sois vós a minha rocha e fortaleza; *
por vossa honra orientai-me e conduzi-me!
– Retirai-me desta rede traiçoeira, *
porque sois o meu refúgio protetor!

℟. Senhor, libertai-me das mãos do inimigo.

– Em vossas mãos, Senhor, entrego o meu espírito, *
porque vós me salvareis, ó Deus fiel!
– Detestais os que adoram deuses falsos; *
quanto a mim, é ao Senhor que me confio.

℟. Senhor, libertai-me das mãos do inimigo.

= Vosso amor me faz saltar de alegria, +
pois olhastes para as minhas aflições *
e conhecestes as angústias de minh'alma.
– Não me entregastes entre as mãos do inimigo, *
mas colocastes os meus pés em lugar amplo!

℟. Senhor, libertai-me das mãos do inimigo.

= Tende piedade, ó Senhor, estou sofrendo: +
os meus olhos se turvaram de tristeza, *
o meu corpo e a minh'alma definharam!

– Minha vida se consome em amargura, *
   e se escoam os meus anos em gemidos!

℟. Senhor, libertai-me das mãos do inimigo.

– Minhas forças se esgotam na aflição, *
   e até meus ossos, pouco a pouco, se desfazem!
– Tornei-me o opróbrio do inimigo, *
   o desprezo e zombaria dos vizinhos,
– e objeto de pavor para os amigos; *
   fogem de mim os que me veem pela rua.

℟. Senhor, libertai-me das mãos do inimigo.

– Os corações me esqueceram como um morto, *
   e tornei-me como um vaso despedaçado.
– Ao redor, todas as coisas me apavoram; *
   ouço muitos cochichando contra mim;
– todos juntos se reúnem, conspirando *
   e pensando como vão tirar-me a vida.

℟. Senhor, libertai-me das mãos do inimigo.

– A vós, porém, ó meu Senhor, eu me confio, *
   e afirmo que só vós sois o meu Deus!
– Eu entrego em vossas mãos o meu destino; *
   libertai-me do inimigo e do opressor!
– Mostrai serena a vossa face ao vosso servo, *
   e salvai-me pela vossa compaixão.

℟. Senhor, libertai-me das mãos do inimigo.

– Ó Senhor, não confundais quem vos invoca! *
   Decepcionem-se os ímpios e se calem.
= Emudeçam esses lábios mentirosos +
   que proferem insolências contra o justo *
   com soberba e desprezo muito grande.

℟. Senhor, libertai-me das mãos do inimigo.

– Como é grande, ó Senhor, vossa bondade, *
   que reservastes para aqueles que vos temem!

– Para aqueles que em vós se refugiam, *
mostrando, assim, o vosso amor perante os homens.

℟. Senhor, libertai-me das mãos do inimigo.

– Na proteção de vossa face os defendeis *
bem longe das intrigas dos mortais.
– No interior de vossa tenda os escondeis, *
protegendo-os contra as línguas maldizentes.

℟. Senhor, libertai-me das mãos do inimigo.

– Seja bendito o Senhor Deus, que me mostrou *
seu grande amor numa cidade protegida!
– Eu que dizia quando estava perturbado: *
"Fui expulso da presença do Senhor!"
– Vejo agora que ouvistes minha súplica, *
quando a vós eu elevei o meu clamor.

℟. Senhor, libertai-me das mãos do inimigo.

= Amai o Senhor Deus, seus santos todos, +
ele guarda com carinho os seus fiéis, *
mas punirá os orgulhosos com rigor.
– Fortalecei os corações, tende coragem, *
todos vós que ao Senhor vos confiais!

℟. Senhor, libertai-me das mãos do inimigo.

– Glória ao Pai e ao Filho e ao Espírito Santo. *
Como era no princípio, agora e sempre. Amém.

℟. Senhor, libertai-me das mãos do inimigo.

Oração

Ó Senhor, sede uma rocha protetora
para o vosso servo (para vossa serva) N.,
e libertai-o(a) do laço do inimigo
que o(a) persegue, pois o(a) remistes
com o sangue precioso do vosso Filho.
Fazei brilhar sobre ele (ela) a vossa face

e, conhecendo as angústias de sua alma,
salvai-o(a) por vossa misericórdia.
Por Cristo, nosso Senhor.

Todos respondem:
Amém.

72.
Salmo 34(35)

Acusai os que me acusam, ó Senhor

Confortai-vos no Senhor e na força do seu poder; revesti-vos da armadura de Deus para poderdes resistir às ciladas do diabo (Ef 6,10-11).

℟. Levantai-vos, ó Senhor; vinde logo em meu socorro.

– Acusai os que me acusam, ó Senhor, *
combatei os que combatem contra mim!
– Empunhai o vosso escudo e armadura; *
levantai-vos, vinde logo em meu socorro.
= Tirai a vossa espada poderosa, +
afastai os meus perseguidores, *
e dizei-me: "Sou a tua salvação!"

℟. Levantai-vos, ó Senhor; vinde logo em meu socorro.

– Que fiquem confundidos, envergonhados *
os que buscam perder a minh'alma.
– Recuem, cobertos de vergonha *
os que tramam contra mim qualquer mal.

℟. Levantai-vos, ó Senhor; vinde logo em meu socorro.

– Que eles sejam como o pó que vai ao vento, *
quando o anjo do Senhor os acossar.
– Seja escuro e lamacento o seu caminho, *
quando o anjo do Senhor os perseguir.

℟. Levantai-vos, ó Senhor; vinde logo em meu socorro.

– Sem motivo armaram-me ciladas *
e sem causa cavaram-me um fosso.

= Surpreenda-os o desastre que ignoram, +
  capture-os a rede que armaram, *
  caiam eles na armadilha que esconderam.

℟. Levantai-vos, ó Senhor; vinde logo em meu socorro.

– Então minh'alma no Senhor se alegrará *
  e exultará de alegria em seu auxílio.
– Direi ao meu Senhor com todo o ser: *
  "Senhor, quem pode a vós se assemelhar,
– pois livrais o infeliz do prepotente *
  e libertais o miserável do opressor?"

℟. Levantai-vos, ó Senhor; vinde logo em meu socorro.

– Surgiram testemunhas mentirosas,
  acusando-me de coisas que não sei.
– Pagaram com o mal o bem que fiz, *
  e a minh'alma está agora desolada!

℟. Levantai-vos, ó Senhor; vinde logo em meu socorro.

= Quando eram eles que sofriam na doença, +
  eu me humilhava com cilício e com jejum *
  e revolvia minhas preces no meu peito;
– eu sofria e caminhava angustiado *
  como alguém que chora a morte de sua mãe.

℟. Levantai-vos, ó Senhor; vinde logo em meu socorro.

= Mas apenas tropecei, eles se riram; +
  como feras se juntaram contra mim *
  e me morderam, sem que eu saiba seus motivos;
– eles me tentam com blasfêmias e sarcasmos *
  e se voltam contra mim rangendo os dentes.

℟. Levantai-vos, ó Senhor; vinde logo em meu socorro.

= Até quando, ó Senhor, podeis ver isso? +
  Libertai a minha alma destas feras *
  e salvai a minha vida dos leões!
– Então, em meio à multidão, vos louvarei *
  e na grande assembleia darei graças.

℟. Levantai-vos, ó Senhor; vinde logo em meu socorro.

– Que não possam nunca mais rir-se de mim *
meus inimigos mentirosos e injustos!
– Nem acenem os seus olhos com maldade *
aqueles que me odeiam sem motivo;

℞. Levantai-vos, ó Senhor; vinde logo em meu socorro.

– e se palavras de paz jamais dirigem, *
contra pacíficos maquinam as perfídias.
– E até escancaram a sua boca *
para dizer: "Nós o vimos muito bem".

℞. Levantai-vos, ó Senhor; vinde logo em meu socorro.

– Vós bem vistes, ó Senhor, não vos caleis! *
Não fiqueis longe de mim, ó meu Senhor!
– Levantai-vos, acordai, fazei justiça! *
Minha causa defendei, Senhor, meu Deus!

℞. Levantai-vos, ó Senhor; vinde logo em meu socorro.

– Mas conforme a justiça julgai-me vós, *
Senhor meu Deus, que de mim jamais se riam.
– Seus corações jamais digam: "É bem feito", *
nem digam: "Nós iremos devorá-lo".

℞. Levantai-vos, ó Senhor; vinde logo em meu socorro.

– Envergonhem-se e sejam confundidos, *
os que se alegram por todos os meus males;
– de confusão e vergonha se revistam *
os que falam com orgulho contra mim.

℞. Levantai-vos, ó Senhor; vinde logo em meu socorro.

– Rejubile de alegria todo aquele *
que se faz o defensor da minha causa
– e possa dizer sempre: "Deus é grande, *
ele deseja todo o bem para o seu servo!"
– Minha língua anunciará vossa justiça *
e cantarei vosso louvor eternamente!

℞. Levantai-vos, ó Senhor; vinde logo em meu socorro.

– Glória ao Pai e ao Filho e ao Espírito Santo. *
  Como era no princípio, agora e sempre. Amém.

℟. Levantai-vos, ó Senhor; vinde logo em meu socorro.

Oração

Ó Deus, protetor dos que em vós esperam,
tomai o capacete e o escudo
e vinde em socorro do vosso servo (da vossa serva) N.;
livrai-o(a) das ciladas do inimigo
e, por vosso poder, combatei quem o(a) assalta.
Por Cristo, nosso Senhor.

Todos respondem:
Amém.

73.
Salmo 53(54)
Pedido de auxílio

Coragem! Sou eu! Não tenhais medo! (Mc 6,50).

℟. É o Senhor quem sustenta minha vida.

– Por vosso nome, salvai-me, Senhor; *
  e dai-me a vossa justiça!
– Ó meu Deus, atendei minha prece *
  e escutai as palavras que eu digo!

℟. É o Senhor quem sustenta minha vida.

= Pois contra mim orgulhosos se insurgem, +
  e violentos perseguem-me a vida: *
  não há lugar para Deus aos seus olhos.
– Quem me protege e me ampara é meu Deus; *
  é o Senhor quem sustenta minha vida!

℟. É o Senhor quem sustenta minha vida.

– Que o mal sobre eles recaia; *
  dispersai-os por vossa verdade.

– Quero ofertar-vos o meu sacrifício *
de coração e com muita alegria;

℟. É o Senhor quem sustenta minha vida.

– quero louvar, ó Senhor, vosso nome, *
quero cantar vosso nome que é bom!
– Pois me livrastes de toda a angústia
e humilhados vi meus inimigos.

℟. É o Senhor quem sustenta minha vida.

– Glória ao Pai e ao Filho e ao Espírito Santo. *
Como era no princípio, agora e sempre. Amém.

℟. É o Senhor quem sustenta minha vida.

Oração

Salvai, Senhor, o vosso servo (a vossa serva) N.
e, por vossa força, julgai o maligno
que busca a sua alma,
para que, livre de toda a tribulação,
vos glorifique confessando o vosso santo nome.
Por Cristo, nosso Senhor.

Todos respondem:
Amém.

74.

Salmo 67(68), 2-4.29.33-36
Entrada triunfal do Senhor

Tendo subido às alturas, Cristo levou consigo os prisioneiros e distribuiu dons aos homens (Ef 4,8).

℟. Eis que Deus se põe de pé e os inimigos se dispersam.

– Eis que Deus se põe de pé, e os inimigos se dispersam! *
Fogem longe de sua face os que odeiam o Senhor!
= Como a fumaça se dissipa, assim também os dissipais; +
como a cera se derrete, ao contato com o fogo, *
assim pereçam os iníquos ante a face do Senhor!

– Mas os justos se alegram na presença do Senhor *
rejubilam satisfeitos e exultam de alegria.

℟. Eis que Deus se põe de pé e os inimigos se dispersam.

– Suscitai, ó Senhor Deus, suscitai vosso poder, *
confirmai este poder que por nós manifestastes.

℟. Eis que Deus se põe de pé e os inimigos se dispersam.

= Reinos da terra, celebrai o nosso Deus, cantai-lhe salmos! +
Ele viaja no seu carro sobre os céus dos céus eternos.
Eis que eleva e faz ouvir a sua voz, voz poderosa.

℟. Eis que Deus se põe de pé e os inimigos se dispersam.

– Dai glória a Deus e exaltai o seu poder por sobre as nuvens. *
Sobre Israel, eis sua glória e sua grande majestade!
– Em seu templo é admirável e a seu povo dá poder. *
Bendito seja o Senhor Deus, agora e sempre. Amém. Amém.

℟. Eis que Deus se põe de pé e os inimigos se dispersam.

– Glória ao Pai e ao Filho e ao Espírito Santo. *
Como era no princípio, agora e sempre. Amém.

℟. Eis que Deus se põe de pé e os inimigos se dispersam.

Oração

Vede, Senhor, a aflição do vosso servo (da vossa serva) N.
e vinde logo em seu auxílio,
para que, livre da prisão do demônio
e readmitido(a) ao vosso terno amor de Pai,
confesse que sois admirável.
Por Cristo, nosso Senhor.

Todos respondem:
Amém.

75.

Salmo 69(70)

Ó Deus, vinde logo em meu auxílio!

Senhor, salvai-nos, porque perecemos! (Mt 8,25).

℟. Sois meu Deus libertador e meu auxílio.

– Vinde, ó Deus, em meu auxílio, sem demora, *
apressai-vos, ó Senhor, em socorrer-me!
– Que sejam confundidos e humilhados *
os que procuram acabar com minha vida!

℟. Sois meu Deus libertador e meu auxílio.

– Que voltem para trás envergonhados *
os que se alegram com os males que eu padeço!
– Que se retirem, humilhados, para longe, *
todos aqueles que me dizem: "É bem feito!"

℟. Sois meu Deus libertador e meu auxílio.

– Mas se alegrem e em vós se rejubilem *
todos aqueles que procuram encontrar-vos;
– e repitam todo dia: "Deus é grande!" *
os que buscam vosso auxílio e salvação.

℟. Sois meu Deus libertador e meu auxílio.

– Quanto a mim, eu sou um pobre e infeliz: *
socorrei-me sem demora, ó meu Deus!
– Sois meu Deus libertador e meu auxílio: *
não tardeis em socorrer-me, ó Senhor!

℟. Sois meu Deus libertador e meu auxílio.

– Glória ao Pai e ao Filho e ao Espírito Santo. *
Como era no princípio, agora e sempre. Amém.

℟. Sois meu Deus libertador e meu auxílio.

Oração

Vinde em nosso auxílio, ó Senhor,
e sem demora ajudai o vosso servo (a vossa serva) N.,
para que, vencidas as tentações do demônio inimigo,
conte sempre com a vossa proteção.
Por Cristo, nosso Senhor.

Todos respondem:
Amém.

II. EVANGELHOS

76. *Vai-te embora, Satanás.*

✠ Leitura do santo Evangelho segundo Mateus   Mt 4,1-11

Naquele tempo,
¹ o Espírito conduziu Jesus ao deserto,
   para ser tentado pelo diabo.
² Jesus jejuou durante quarenta dias e quarenta noites,
   e, depois disso, teve fome.
³ Então, o tentador aproximou-se e disse a Jesus:
   "Se és Filho de Deus,
   manda que estas pedras se transformem em pães!"
⁴ Mas Jesus respondeu:
   "Está escrito:
   'Não só de pão vive o homem,
   mas de toda palavra que sai da boca de Deus' ".
⁵ Então o diabo levou Jesus à Cidade Santa,
   colocou-o sobre a parte mais alta do Templo,
⁶ e lhe disse:
   "Se és Filho de Deus,
   lança-te daqui abaixo!
   Porque está escrito:
   'Deus dará ordens aos seus anjos a teu respeito,
   e eles te levarão nas mãos,
   para que não tropeces em alguma pedra'".

⁷ Jesus lhe respondeu:
"Também está escrito:
'Não tentarás o Senhor teu Deus!' "
⁸ Novamente, o diabo levou Jesus para um monte muito alto.
Mostrou-lhe todos os reinos do mundo e sua glória,
⁹ e lhe disse:
"Eu te darei tudo isso,
se te ajoelhares diante de mim, para me adorar".
¹⁰ Jesus lhe disse:
"Vai-te embora, Satanás,
porque está escrito:
'Adorarás ao Senhor teu Deus
e somente a ele prestarás culto' ".
¹¹ Então o diabo o deixou.
E os anjos se aproximaram e serviram a Jesus.

77. *Expulsarão demônios em meu nome.*

✠ Leitura do santo Evangelho segundo Marcos   Mc 16,15-18

Naquele tempo,
aparecendo Jesus aos Onze,
¹⁵ disse-lhes:
"Ide pelo mundo inteiro
e anunciai o Evangelho a toda criatura!
¹⁶ Quem crer e for batizado será salvo.
Quem não crer será condenado.
¹⁷ Os sinais que acompanharão
aqueles que crerem serão estes:
expulsarão demônios em meu nome,
falarão novas línguas;
¹⁸ se pegarem em serpentes
ou beberem algum veneno mortal
não lhes fará mal algum;
quando impuserem as mãos sobre os doentes,
eles ficarão curados".

TEXTOS DIVERSOS

78. *Veio para destruí-los.*

✠ Leitura do santo Evangelho segundo Marcos   Mc 1,21b-28

²¹ᵇNa cidade de Cafarnaum,
num dia de sábado, Jesus entrou na sinagoga
e começou a ensinar.
²² Todos ficavam admirados com o seu ensinamento,
pois ensinava como quem tem autoridade,
não como os mestres da Lei.
²³ Estava então na sinagoga
um homem possuído por um espírito mau.
Ele gritou:
²⁴ "Que queres de nós, Jesus Nazareno?
Vieste para nos destruir?
Eu sei quem tu és:
tu és o Santo de Deus".
²⁵ Jesus o intimou:
"Cala-te e sai dele!"
²⁶ Então o espírito mau sacudiu o homem com violência,
deu um grande grito e saiu.
²⁷ E todos ficaram muito espantados
e perguntavam uns aos outros:
"O que é isto?
Um ensinamento novo dado com autoridade:
Ele manda até nos espíritos maus,
e eles obedecem!"
²⁸ E a fama de Jesus logo se espalhou por toda a parte,
em toda a região da Galileia.

79. *Até os demônios vos obedecerão.*

✠ Leitura do santo Evangelho segundo Lucas   Lc 10,17-20

Naquele tempo,
¹⁷ os setenta e dois voltaram muito contentes,
dizendo:
"Senhor, até os demônios nos obedeceram
por causa do teu nome".

¹⁸ Jesus respondeu:
"Eu vi Satanás cair do céu, como um relâmpago.
¹⁹ Eu vos dei o poder
de pisar em cima de cobras e escorpiões
e sobre toda a força do inimigo.
E nada vos poderá fazer mal.
²⁰ Contudo, não vos alegreis
porque os espíritos vos obedecem.
Antes, ficai alegres porque vossos nomes
estão escritos no céu".

80. *Pelo dedo de Deus eu expulso os demônios.*

✠ Leitura do santo Evangelho segundo Lucas   Lc 11,14-23

Naquele tempo,
¹⁴ Jesus estava expulsando um demônio que era mudo.
Quando o demônio saiu, o mudo começou a falar,
e as multidões ficaram admiradas.
¹⁵ Mas alguns disseram:
"É por Belzebu, o príncipe dos demônios,
que ele expulsa os demônios".
¹⁶ Outros, para tentar Jesus,
pediam-lhe um sinal do céu.
¹⁷ Mas, conhecendo seus pensamentos,
Jesus disse-lhes:
"Todo reino dividido contra si mesmo será destruído;
e cairá uma casa por cima da outra.
¹⁸ Ora, se até Satanás está dividido contra si mesmo,
como poderá sobreviver o seu reino?
Vós dizeis que é por Belzebu
que eu expulso os demônios.
¹⁹ Se é por meio de Belzebu que eu expulso demônios,
vossos filhos os expulsam por meio de quem?
Por isso, eles mesmos serão vossos juízes.
²⁰ Mas, se é pelo dedo de Deus
que eu expulso os demônios,
então chegou para vós o Reino de Deus.
²¹ Quando um homem forte e bem armado

guarda a própria casa,
seus bens estão seguros.
²² Mas, quando chega um homem mais forte do que ele,
vence-o,
arranca-lhe a armadura na qual ele confiava,
e reparte o que roubou.
²³ Quem não está comigo, está contra mim.
E quem não recolhe comigo, dispersa".

III. FÓRMULAS DE EXORCISMO

81. *Outra fórmula deprecativa* (cf. acima, n. 61).

Ó Deus do céu e da terra,
Deus dos Anjos e dos Arcanjos,
Deus dos Patriarcas e dos Profetas,
Deus dos Apóstolos e dos Mártires,
Deus dos Sacerdotes e das Virgens,
Deus de todos os Santos e Santas,
ó Deus, que tendes o poder
de dar a vida depois da morte
e o repouso depois do trabalho,
não há outro Deus além de vós,
criador de todas as coisas visíveis e invisíveis.
Ó Deus, que quereis salvar todo ser humano
e que amastes o mundo
a ponto de dar o vosso Filho Unigênito
para desfazer as obras do demônio,
humildemente invocamos a majestade da vossa glória.
Libertai este vosso servo (esta vossa serva)
de todo o poder, dos laços, enganos
e maldades dos espíritos infernais
e guardai-o(a) sempre incólume.
Enviai, nós vos pedimos, Senhor,
o Espírito da verdade,
que o vosso Filho prometeu aos seus discípulos;
enviai do alto o vosso Paráclito,

de onde expulsastes o Diabo como um raio;
enviai o Paráclito,
que afaste para longe
o acusador e opressor de nossa natureza
e nos faça evitar todo o mal.

Por Cristo, nosso Senhor.

Todos respondem:
Amém.

82. *Outra fórmula imperativa* (cf. acima, n. 62).

Eu te esconjuro, antigo inimigo do ser humano;
afasta-te desta criatura de Deus, N.;
é o que te impõe
nosso Senhor, Jesus Cristo.
Sua humildade venceu tua soberba,
sua liberalidade prostrou tua inveja
e sua mansidão esmagou tua maldade.

Cala-te, pai da mentira,
e não impeças este servo (esta serva) de Deus
de bendizer e louvar o Senhor;
é o que te manda Jesus Cristo,
sabedoria do Pai e esplendor da verdade.
Suas palavras são espírito e vida.

Sai dele (dela),
espírito imundo,
e dá lugar ao Espírito Santo;
é o que te ordena Jesus Cristo,
Filho de Deus e Filho do homem.
Nascido puríssimo do Espírito e da Virgem,
purificou por seu sangue todas as coisas.

Afasta-te, portanto, Satanás,
afasta-te em nome de Jesus Cristo.
Ele, o forte, te expulsou pelo dedo de Deus
e destruiu o teu reino.

Retira-te em virtude da fé
e da oração da Igreja;
foge pela força da santa † cruz,
pela qual nos arrancou do teu terrível poder
o manso Cordeiro por nós imolado,
Jesus Cristo, nosso Senhor,
que vive e reina para sempre.

Todos respondem:
Amém.

83. *Outra fórmula deprecativa* (cf. acima, n. 61).

Vós sois santo, Senhor dos exércitos,
o céu e a terra estão cheios da vossa glória,
pois criastes todas as coisas
que estão no universo.
Vós, ó Senhor,
que vos assentais sobre os Querubins
e habitais nas alturas,
que olhais para o céu e para a terra
e perscrutais os abismos,
volvei o vosso olhar
e vede a aflição de N., vossa criatura,
pela qual humildemente vos suplicamos.

Despertai o vosso poder
e enviai o vosso Espírito Paráclito.
Por sua força,
rechace toda a opressão do demônio
e afaste suas ciladas,
para que este vosso servo (esta vossa serva),
vos possa servir
de coração puro e mente sincera.

Ó Deus, criador e redentor do gênero humano,
desde o início,
formastes a criatura humana à vossa imagem
e lhe confiastes o cuidado de todo o universo,
para que, servindo unicamente a vós, seu Criador,
dominasse toda criatura.

Lembrai-vos da condição humana
ferida pelo pecado,
e mostrai a vossa bondade
para com este vosso servo (esta vossa serva) N.,
dominado(a) pela fraude diabólica,
para que, livre do inimigo,
vos reconheça como único Deus e Senhor.

Deus de infinita bondade,
para a nossa redenção,
vos dignastes enviar ao mundo o vosso Unigênito,
para que todo o que nele crê não pereça,
mas tenha a vida eterna;
elevastes o vosso próprio Filho na cruz
para que, cancelado o documento de morte,
atraísse a si todas as coisas.
Tende piedade da Igreja que suplica
pelo(a) vosso(a) atormentado(a) servo(a) N.,
para que, tendo afastado toda a adversidade,
vossa direita proteja
aquele (aquela) que foi remido(a) pelo sangue precioso
de Jesus Cristo, Senhor nosso,
que convosco vive e reina para sempre.

Todos respondem:
Amém.

84. *Outra fórmula imperativa* (cf. acima, n. 62).

Eu te esconjuro,
pelo Deus vivo, pelo Deus verdadeiro, pelo Deus santo,
espírito imundíssimo, inimigo da fé,
adversário do gênero humano, causador da morte,
pai da mentira, raiz dos males,
sedutor da criatura humana,
provocador dos sofrimentos.

Esconjuro-te, dragão maldito,
em nome de nosso Senhor, Jesus Cristo,
a sair fugindo desta criatura de Deus.

Ordena-te o próprio Cristo
que dos céus te mandou
mergulhar no fundo dos abismos.

Ordena-te o próprio Cristo
que dominou o mar, os ventos e as tempestades.

Ordena-te o próprio Cristo,
a eterna Palavra de Deus feita carne,
que pela salvação da nossa condição humana,
perdida por tua inveja,
humilhou-se a si mesmo,
fazendo-se obediente até a morte.

Teme aquele
que foi imolado em Isaac,
vendido em José,
morto no cordeiro,
crucificado no homem
e, por fim, vencedor dos infernos.
Dá lugar a Cristo,
em quem não encontraste nenhuma de tuas obras.

Humilha-te sob a poderosa mão de Deus;
estremece e foge pela invocação
que fazemos do santo nome de Jesus,
diante do qual tremem os infernos,
ao qual estão sujeitas a Virtudes dos céus,
as Potestades e as Dominações;
ao qual os Querubins e os Serafins,
com vozes incessantes louvam, dizendo:
Santo, Santo,
Santo é o Senhor Deus do universo.

Afasta-te, pois,
em nome do † Pai, e do † Filho e do † Espírito Santo;
dá lugar ao Espírito Santo,
por este sinal da santa † cruz
de Jesus Cristo, nosso Senhor,
que vive e reina para sempre.

Todos respondem:
Amém.

APÊNDICES

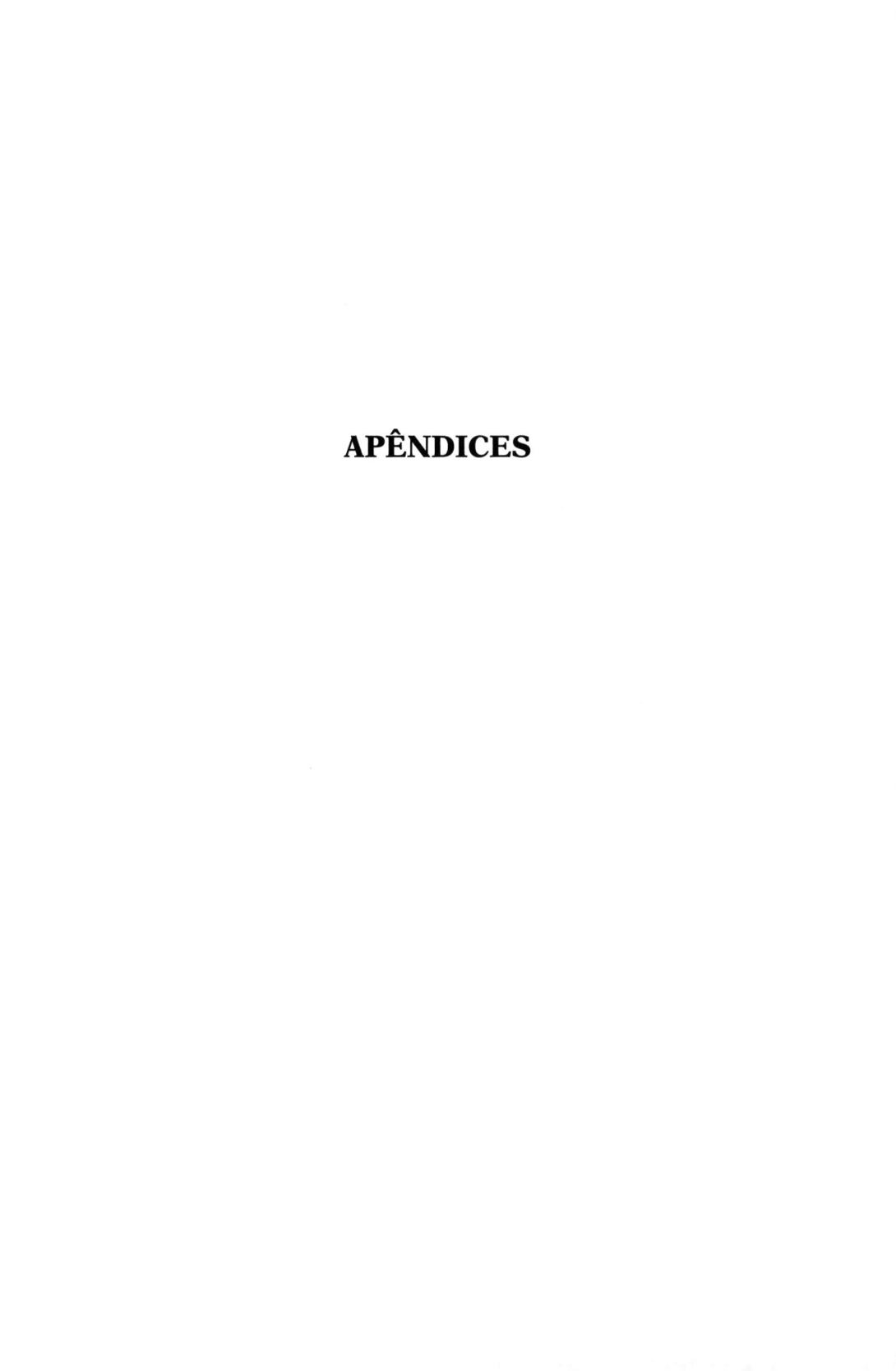

I
SÚPLICA E EXORCISMO QUE PODEM SER USADOS EM CIRCUNSTÂNCIAS ESPECIAIS DA IGREJA

1. A presença do diabo e de outros demônios aparece e existe não só quando ele tenta e atormenta pessoas, mas também quando, com alguma ação própria, penetra em coisas e lugares e, de várias formas, se opõe à Igreja e a persegue. Se o Bispo diocesano, em especiais circunstâncias, julgar oportuno convocar os fiéis para a oração sob a coordenação e guia de um sacerdote, podem-se escolher alguns dos seguintes elementos para a organização da oração.

2. Reunidos os fiéis, o sacerdote diz:

Em nome do Pai e do Filho e do Espírito Santo.

Todos fazem o sinal da cruz e dizem:

Amém.

3. O sacerdote abre os braços e saúda os presentes, dizendo:

O Deus, Pai todo-poderoso,
que quer salvar todo ser humano,
esteja convosco.

Todos respondem:

Bendito seja Deus
que nos reuniu no amor de Cristo.

Ou:

O Senhor esteja convosco.

Todos respondem:

Ele está no meio de nós.

Pode-se usar também outra saudação, tirada dos livros litúrgicos aprovados.

4. Depois, o sacerdote fala brevemente aos presentes, a fim de predispô-los à celebração. Faz-se, então, uma celebração da palavra de Deus com uma breve homilia do sacerdote que preside, na qual, tendo como ponto de partida o texto das leituras, fale-se ao povo sobre a esperança na vitória de Cristo e sobre o auxílio dos Anjos. O texto das leituras e dos salmos responsoriais podem ser escolhidos dos Lecionários aprovados.

5. Pode-se recitar a Ladainha de todos os Santos (cf. n. 46), que o sacerdote conclui com a seguinte oração:

Espírito Santo Criador,
assisti, com bondade, a Igreja católica,
e por vossa força celestial
fortificai-a e confirmai-a
contra os ataques dos inimigos;
por vossa caridade e graça,
renovai o espírito de vossos servos,
que ungistes,
para que em vós glorifiquem o Pai
e seu Filho Unigênito,
Jesus Cristo, Senhor nosso.

Todos respondem:
Amém.

6. Pode-se acrescentar também a Oração dos fiéis e, por fim, reze-se sempre o Pai-nosso, como de costume.

7. Depois, o próprio sacerdote, de mãos unidas, acrescenta:

Em nome de Jesus Cristo,
nosso Deus e Senhor,
pela intercessão da Imaculada Virgem Maria,
Mãe de Deus,
de São Miguel Arcanjo,
dos santos Apóstolos Pedro e Paulo
e de todos os Santos,
e confiante na sagrada autoridade
do ministério recebido da Igreja,
com segurança preparo-me
para repelir os ataques da fraude diabólica.

8. Todos juntos recitam: Sl 67,2-3

– Eis que Deus se põe de pé, e os inimigos se dispersam! *
  Fogem longe de sua face os que odeiam o Senhor!

= Como a fumaça se dissipa, assim também os dissipais; +
como a cera se derrete, ao contato com o fogo, *
assim pereçam os iníquos ante a face do Senhor!

℣. Eis a Cruz do Senhor! Afastai-vos, inimigos da salvação.
℟. Venceu o Leão da tribo de Judá, descendente de Davi.

℣. Senhor, venha sobre nós a vossa misericórdia.
℟. Porque em vós nós esperamos.

℣. Senhor, ouvi a minha oração.
℟. E chegue a vós o meu clamor.

9. O sacerdote, de mãos unidas, diz:

Oremos.

E todos, junto com o sacerdote, rezam em silêncio por uns momentos.

A seguir, o sacerdote, abrindo os braços, diz a oração:

Ó Deus do céu e da terra,
Deus dos Anjos e dos Arcanjos,
Deus dos Patriarcas e dos Profetas,
Deus dos Apóstolos e dos Mártires,
Deus dos Sacerdotes e das Virgens,
Deus de todos os Santos e Santas,
ó Deus, que tendes o poder
de dar a vida depois da morte
e o repouso depois do trabalho,
não há outro Deus além de vós,
nem pode haver outro senão somente vós,
criador de todas as coisas visíveis e invisíveis,
cujo reino não terá fim.
Humildemente invocamos a majestade da vossa glória,
que por vossa força nos livreis
de todo o poder, do engano e do mal
dos espíritos infernais
e vos digneis guardar-nos sempre incólumes.
Por Cristo, nosso Senhor.

Todos respondem:

Amém.

10. A seguir, se for oportuno, o sacerdote, abrindo os braços, profere esta fórmula imprecativa em forma de exorcismo. Os fiéis, mesmo que estejam próximos ao sacerdote que recita, se abstenham de proferi-la.

Eu te esconjuro,
todo e qualquer espírito imundo,
todo e qualquer poder das trevas,
todo ataque do adversário infernal,
toda legião, corja e facção diabólica.
Em nome e pela força de nosso Senhor, Jesus Cristo,
arranca-te e foge da Igreja de Deus,
das almas criadas à imagem do Criador,
e remidas pelo precioso sangue do Cordeiro divino.

Hábil serpente,
nunca mais ouses
enganar o gênero humano,
perseguir a Igreja de Deus
e abalar e joeirar como o trigo os eleitos de Deus.

Ordena-te o Deus altíssimo,
a quem, na tua grande soberba,
ainda te julgas ser igual.
Ordena-te Deus,
que quer salvar todos os seres humanos
e fazê-los chegar ao conhecimento da verdade.

Ordena-te Deus Pai;
ordena-te Deus Filho;
ordena-te Deus Espírito Santo.

Ordena-te Cristo,
a Palavra eterna de Deus feita carne,
que se humilhou
pela salvação da nossa condição humana,
perdida por tua inveja,
e se fez obediente até a morte.
Ele edificou sua Igreja
sobre a pedra firme
e proclamou que as portas do inferno
jamais haveriam de prevalecer contra ela,

e que permaneceria com ela todos os dias
até a consumação dos séculos.

Ordena-te o sagrado sinal † da Cruz,
e a força de todos os Mistérios da fé cristã.
Ordena-te a excelsa Mãe de Deus,
a Virgem Maria,
que, em sua humildade,
esmagou-te a cabeça em teu orgulho,
desde o primeiro instante de sua Conceição Imaculada.
Ordena-te a fé dos santos Apóstolos Pedro e Paulo
e dos demais Apóstolos.
Ordena-te o sangue dos Mártires
e a filial intercessão de todos os Santos e Santas.

Portanto, legião diabólica,
conjuro-te pelo Deus vivo,
pelo Deus verdadeiro,
pelo Deus santo,
pelo Deus que tanto amou o mundo,
que deu seu Filho Unigênito
para que todo aquele que nele crê não pereça,
mas tenha a vida eterna,
deixa de enganar as criaturas humanas,
e de oferecer-lhes o veneno da eterna perdição;
deixa de prejudicar a Igreja
e de armar laços à sua liberdade.

Retira-te, Satanás,
pai da mentira,
inimigo da salvação humana.
Dá lugar a Cristo,
em quem não encontraste nenhuma de tuas obras.
Dá lugar à Igreja una, santa, católica e apostólica,
que o próprio Cristo conquistou com seu sangue.
Humilha-te sob a poderosa mão de Deus;
treme e foge pelo santo nome de Jesus,
diante do qual tremem os infernos,
a quem estão sujeitas as Virtudes dos céus,
as Potestades e as Dominações;

a quem louvam os Querubins e os Serafins
com voz incessante, dizendo:
Santo, Santo,
Santo é o Senhor, Deus do universo!

11. Em seguida, canta-se ou se recita a seguinte antífona:

À vossa proteção recorremos,
santa Mãe de Deus;
não desprezeis as nossas súplicas
em nossas necessidades,
mas livrai-nos sempre de todos os perigos,
ó Virgem gloriosa e bendita.

Pode-se também recitar esta oração a São Miguel Arcanjo ou outra oração mais conhecida do povo:

São Miguel Arcanjo,
gloriosíssimo príncipe da milícia celeste,
defendei-nos no combate
contra os principados e as potestades,
contra os dirigentes das trevas deste mundo
e contra os espíritos do mal nos ares.
Vinde em auxílio dos seres humanos
que Deus criou à sua imagem e semelhança
e, a grande preço, resgatou da tirania do demônio.
A santa Igreja vos venera como seu guarda e padroeiro;
o Senhor vos entregou as almas dos redimidos
para transportá-las à felicidade eterna.
Pedi ao Deus da paz
que lance Satanás sob os nossos pés,
para que nunca mais consiga aprisionar os seres humanos
e prejudicar a Igreja.

Levai nossas preces à presença do Altíssimo,
para que logo nos manifestem a bondade do Senhor,
e prendais o dragão, a antiga serpente,
que é o demônio e Satanás,
e o lanceis amarrado no abismo,
para que nunca mais seduza as pessoas.
Amém.

12. E o sacerdote asperge o lugar com água benta. A seguir, abençoa e despede os presentes na forma costumeira.

II
SÚPLICAS QUE OS FIÉIS PODEM USAR, EM PARTICULAR, NA LUTA CONTRA O PODER DAS TREVAS

Orações

1. Senhor Deus,
tende piedade de mim, vosso(a) servo(a).
Por causa da multidão dos perseguidores,
tornei-me como um vaso despedaçado;
libertai-me das mãos de meus inimigos
e assisti-me, na vossa bondade,
para que encontreis quem se perdera,
restabeleçais a quem encontrastes
e não vos separeis de quem restabelecestes,
e assim eu vos possa agradar em tudo,
pois reconheço que fui redimido(a) por vosso poder.
Por Cristo, nosso Senhor. Amém.

2. Deus todo-poderoso,
vós fazeis habitar em casa os desamparados
e levais os vencidos à prosperidade.
Vede minha aflição,
e vinde em meu auxílio;
vencei o perverso inimigo,
a fim de que, afastada a presença do adversário,
a liberdade se transforme em paz para mim.
E, assim, retornado(a) ao vosso terno amor,
eu possa confessar que sois admirável,
pois destes força ao vosso povo.
Por Cristo, nosso Senhor. Amém.

3. Ó Deus, criador e defensor do gênero humano,
que formastes o homem e a mulher à vossa imagem,
e de modo mais admirável os recriastes
pela graça do Batismo,
olhai para mim, vosso(a) servo(a),
e atendei às minhas súplicas.
Fazei brilhar no meu coração
o esplendor da vossa glória
para que, afastado todo o terror, medo e temor,
com mente e espírito sereno,
eu possa louvar-vos
com os irmãos e irmãs na vossa Igreja.
Por Cristo, nosso Senhor. Amém.

4. Deus, autor de infinita misericórdia
e de todo o bem,
para afastar de nós o poder do inimigo,
quisestes que o vosso Filho
sofresse por nós o patíbulo da cruz.
Olhai com bondade para a minha miséria
e a minha dor,
e fazei que, vencido o ataque do inimigo,
cumuleis com a bênção da vossa graça
aquele(a) que renovastes na fonte do Batismo.
Por Cristo, nosso Senhor. Amém.

5. Ó Deus, que, pela graça da adoção,
quisestes que eu fosse filho(a) da luz,
fazei que eu não seja envolvido(a) na trevas dos demônios,
mas possa permanecer sempre evidente
no esplendor da liberdade de vós recebida.
Por Cristo, nosso Senhor. Amém.

6. **Invocações à Santíssima Trindade**

Glória ao Pai e ao Filho e ao Espírito Santo.
Só a Deus a honra e a glória.

Bendigamos ao Pai e ao Filho com o Espírito Santo;
louvemo-lo e exaltemo-lo pelos séculos sem fim.

Nós vos invocamos, vos louvamos e vos adoramos,
ó Trindade santa.
Nossa esperança, nossa salvação e nossa honra,
ó Trindade santa.
Livrai-me, salvai-me e vivificai-me,
ó Trindade santa.

Santo, Santo, Santo, Senhor Deus todo-poderoso,
vós que éreis, que sois e que vireis.

A vós a honra e o domínio, ó Trindade santa;
a vós a glória e o poder pelos séculos sem fim.

A vós o louvor, a vós a glória, a vós a ação de graças
pelos séculos sem fim, ó Trindade santa.

Deus santo, Deus forte, Deus imortal,
tende piedade de mim.

7. **Invocações a nosso Senhor, Jesus Cristo**

a.

Jesus, Filho do Deus vivo,	tende piedade de mim.
Jesus, imagem do Pai,	tende piedade de mim.
Jesus, Sabedoria eterna,	tende piedade de mim.
Jesus, esplendor da luz eterna,	tende piedade de mim.
Jesus, Palavra de vida,	tende piedade de mim.
Jesus, Filho da Virgem Maria	tende piedade de mim.
Jesus, Deus e homem,	tende piedade de mim.
Jesus, sumo Sacerdote,	tende piedade de mim.
Jesus, proclamador do reino de Deus,	tende piedade de mim.
Jesus, caminho, verdade e vida,	tende piedade de mim.
Jesus, pão da vida,	tende piedade de mim.
Jesus, vinha verdadeira,	tende piedade de mim.
Jesus, irmão dos pobres,	tende piedade de mim.
Jesus, amigo dos pecadores,	tende piedade de mim.
Jesus, médico da alma e do corpo,	tende piedade de mim.
Jesus, salvação dos oprimidos,	tende piedade de mim.
Jesus, consolo dos abandonados,	tende piedade de mim.

Vós, que viestes a este mundo,	tende piedade de mim.
Vós, que libertastes os oprimidos do diabo,	tende piedade de mim.
Vós, que pendestes da cruz,	tende piedade de mim.
Vós, que por nós aceitastes a morte,	tende piedade de mim.
Vós, que permanecestes no sepulcro,	tende piedade de mim.
Vós, que descestes à mansão dos mortos,	tende piedade de mim.
Vos, que ressuscitastes dos mortos,	tende piedade de mim.
Vós, que subistes aos céus,	tende piedade de mim.
Vós, que enviastes o Espírito Santo aos Apóstolos,	tende piedade de mim.
Vós, que estais sentado à direita do Pai,	tende piedade de mim.
Vós, que vireis julgar os vivos e os mortos,	tende piedade de mim.

b.

Pela vossa encarnação,	livrai-me, Senhor.
Pelo vosso nascimento,	livrai-me, Senhor,
Pelo vosso batismo e santo jejum,	livrai-me, Senhor.
Pela vossa cruz e paixão,	livrai-me, Senhor.
Pela vossa morte e sepultura,	livrai-me, Senhor.
Pela vossa santa ressurreição,	livrai-me, Senhor.
Pela vossa admirável ascensão,	livrai-me, Senhor.
Pela efusão do Espírito Santo,	livrai-me, Senhor.
Pela vossa vinda gloriosa,	livrai-me, Senhor.

8. Outras invocações ao Senhor

Ao mencionar a cruz, o fiel pode fazer o sinal da cruz.

Salvai-me, ó Cristo salvador, pela força da santa Cruz †.
Vós que salvastes a Pedro no mar, tende piedade de mim.

Pelo sinal da santa Cruz †
livrai-nos, nosso Deus,
dos nossos inimigos.

Pela vossa santa Cruz † salvai-nos, ó Cristo redentor,
vós que, morrendo, destruístes a nossa morte
e, ressurgindo, reparastes a vida.

Nós adoramos † a vossa santa Cruz, Senhor Jesus,
e recordamos a vossa gloriosa paixão.
Vós, que por nós padecestes, tende piedade de nós.

Nós vos adoramos, Senhor Jesus Cristo, e vos bendizemos,
porque pela vossa † santa Cruz remistes o mundo.

9. Invocações à bem-aventurada Virgem Maria

À vossa proteção recorremos,
santa Mãe de Deus;
não desprezeis as nossas súplicas
em nossas necessidades,
mas livrai-nos sempre de todos os perigos,
ó Virgem gloriosa e bendita.

Consoladora dos aflitos, rogai por nós.
Auxílio dos cristãos, rogai por nós.

Permiti que eu vos louve, Virgem santa;
dai-me força contra os vossos inimigos.

Minha mãe, a minha esperança!

Virgem Mãe de Deus, Maria,
intercedei a Jesus por mim.

Digníssima rainha do mundo,
Virgem perpétua, Maria,
intercedei por nossa paz e salvação,
vós, que gerastes o Cristo Senhor
e Salvador de todos.

Maria, Mãe da graça,
Mãe da misericórdia,
protegei-nos do inimigo,
e recebei-nos na hora da morte.
Socorrei-me, ó piedosíssima Virgem Maria,
em todas as minhas tribulações,
angústias e necessidades
e suplicai ao vosso amado Filho
que me conceda a libertação
de todos os males e perigos da alma e do corpo.

Lembrai-vos, ó piedosíssima Virgem Maria,
que nunca se ouviu dizer
que algum daqueles
que recorreram à vossa proteção,
imploraram vossa assistência,
reclamaram vosso socorro
fosse por vós desamparado.
Animado(a) eu, pois, com igual confiança,
a vós, Virgem entre todas singular,
como a Mãe recorro;
de vós me valho
e, gemendo sob o peso de meus pecados,
me prostro aos vossos pés.
Não desprezeis as minhas súplicas,
ó Mãe do Filho de Deus humanado,
mas dignai-vos de as ouvir propícia
e de me alcançar o que vos rogo. Amém.

10. Invocação a São Miguel Arcanjo

São Miguel Arcanjo, defendei-nos no combate;
sede nosso refúgio contra a maldade
e as ciladas do demônio.
Ordene-lhe Deus, instantemente o pedimos;
e vós, Príncipe da milícia celeste,
pelo divino poder, precipitai no inferno
a Satanás e a todos os espíritos malignos,
que andam pelo mundo para perder as almas. Amém.

11. Ladainha

Senhor, tende piedade de nós.
Cristo, tende piedade de nós.
Senhor, tende piedade de nós.

Santa Maria, Mãe de Deus,	rogai por nós (ou por mim).
São Miguel,	rogai por nós (ou por mim).
São Gabriel,	rogai por nós (ou por mim).
São Rafael,	rogai por nós (ou por mim).
Santos Anjos da Guarda,	rogai por nós (ou por mim).

São João Batista,	rogai por nós (ou por mim).
São José,	rogai por nós (ou por mim).
São Pedro,	rogai por nós (ou por mim).
São Paulo,	rogai por nós (ou por mim).
São João,	rogai por nós (ou por mim).
Todos os santos Apóstolos,	rogai por nós (ou por mim).
Santa Maria Madalena,	rogai por nós (ou por mim).

(Podem-se acrescentar nomes de outros Santos e Bem-aventurados)

De todo o mal,	livrai-nos (me), Senhor.
De todo o pecado,	livrai-nos (me), Senhor.
Das ciladas do demônio,	livrai-nos (me), Senhor.
Da morte eterna,	livrai-nos (me), Senhor.

Cristo, ouvi-nos (me).
Cristo, atendei-nos (me).

SUMÁRIO

5	PROMULGAÇÃO
6	APRESENTAÇÃO
8	DECRETO DE APROVAÇÃO DA TRADUÇÃO
9	DECRETO
11	PROÊMIO

13	**INTRODUÇÃO GERAL**
13	I. A vitória de Cristo e o poder da Igreja contra os demônios
15	II. Os exorcismos no múnus santificador da Igreja
17	III. O Ministro e as condições para fazer o Exorcismo maior
19	IV. O uso do Rito
20	V. Circunstâncias e adaptações
22	VI. Adaptações que competem às Conferências dos Bispos

23	Capítulo I **O RITO DO EXORCISMO MAIOR**
24	Ritos iniciais
26	Ladainha
30	Recitação do salmo
32	Leitura do Evangelho
33	Imposição das mãos
34	Profissão de fé ou Promessas do Batismo
38	Oração do Pai-nosso
39	Sinal da cruz
39	Sopro
39	Fórmulas de exorcismo:
39	- Fórmula deprecativa
41	- Fórmula imperativa

SUMÁRIO

42		Ação de graças
44		Ritos conclusivos

47 **Capítulo II**
**TEXTOS DIVERSOS A SEREM USADOS,
À ESCOLHA, NO RITO**

47	I.	Salmos
65	II.	Evangelhos
69	III.	Fórmulas de Exorcismo

75 **APÊNDICES**

77	I.	Súplica e exorcismo que podem ser usados em circunstâncias especiais da Igreja
83	II.	Súplicas que os fiéis podem usar, em particular, na luta contra o poder das trevas

ISBN 978-85-349-2344-6